"Os autores foram muito felizes em abordar a temática da prevenção ao suicídio, a partir do desejo de morrer. Apesar de nem todos os que desejam a morte apresentarem ideação suicida, é possível haver uma evolução progressiva do desejo de morrer para pensamentos e planejamentos suicidas. Uma proposta de prevenção ao suicídio, numa ênfase de haver livramentos e saídas antes dessa evolução, é relevante e necessária. As diferenciações e singularidades das experiências e contextos, de cada personagem bíblico apresentado nesse livro, conferem ao texto muita sensibilidade e percepções de ângulos indispensáveis."

Me. Clarice Ebert

Psicóloga e terapeuta familiar e de casal do Instituto Phileo de Psicologia, em Curitiba/PR, e Docente nos cursos de EIRENE do Brasil.

"A vida acadêmica e pastoral de Ruppenthal e Bastos por si só recomenda essa obra. São pessoas altamente comprometidas e letradas em suas áreas, especialmente na teologia, na história e na psicologia. O suicídio é um tema extremamente atual e muito confuso para as pessoas que enfrentam certas vicissitudes na vida e estão pensando nessa possibilidade. Além de conhecimento técnico do assunto, os autores apresentam as potencialidades que a Bíblia pode contribuir na conscientização para a prevenção ao suicídio, cooperando para aliviar a angústia e a tensão daquele que sofre."

Pr. Dr. Jaziel Guerreiro Martins

Diretor-Geral e Professor da FABAPAR

"A caminhada humana é marcada por superações, ricas experiências, alegrias singulares e convivências relacionais que ajudam na jornada existencial. Mas a vida de cada pessoa é tocada pela dor, pela enfermidade, pelo sofrimento e por várias formas de perdas, entre elas, as rupturas experimentadas como resultado de morte. Os professores Willibaldo Neto e Renato Bastos empreenderam relevante reflexão em torno do sofrimento humano e como a Bíblia Sagrada oferece ajuda, apoio e consolação em momentos dolorosos ao longo da existência de cada ser humano. Eis uma atual e interessante proposta de leitura!"

Pr. Dr. Edilson Soares de Souza
Pastor, Psicólogo e Professor da FABAPAR

"O livro E pediu para si a morte é uma obra ousada e rara, que toca em um tema importantíssimo e extremamente atual, que é a prevenção ao suicídio. O texto, bem embasado teológica e clinicamente, procura alertar o leitor sobre as muitas variáveis que podem levar uma pessoa a pensar em tirar a própria vida e para isso utiliza o exemplo de vários personagens bíblicos que desejaram a morte (até mesmo pediram pela mesma a Deus). A ênfase do texto está no cuidado pastoral e a orientação da necessidade de ajuda em várias situações limítrofes – uma leitura imprescindível, especialmente para aqueles que se sentem chamados à tarefa de cuidar de outras pessoas (e que devem estar alertas quanto ao cuidado de si mesmas também)."

Dr. Carlos "Catito" Grzybowski
Psicólogo e Presidente de EIRENE do Brasil.

Willibaldo Ruppenthal Neto
Renato da Costa Bastos

"...E PEDIU PARA SI A MORTE,,

Personagens bíblicos que quase desistiram

E pediu para si a morte
por Willibaldo Ruppenthal e Neto Renato da Costa Bastos
Copyright © Faculdades Batista do Paraná (FABAPAR)
Todos os direitos reservados.

Diretor-Geral: Jaziel Guerreiro Martins
Coordenadores do projeto: Jader Menezes Teruel, Murilo de Oliveira Rufino
Coordenador editorial, gráfico e capa: Thiago Alves Faria
Revisoras: Edilene Honorato da Silva Arnas e Dayse Fontoura

Dados Internacionais para Catalogação na Publicação (CIP)

R946	Ruppenthal Neto, Wilibaldo
	E pediu para si a morte / Wilibaldo Ruppenthal Neto; Renato da Costa Bastos — Curitiba/PR, Publicações Pão Diário
	1. Suicídio - Aspectos religiosos - Cristianismo
	2. Bíblia. A.T.
	3. Psicologia e religião. I. Autor. II. Título.
	CDD: 241.697

Bibliotecário: Jackson Friesen (CRB-9 202025/P)

Proibida a reprodução total ou parcial sem prévia autorização, por escrito, da editora. Todos os direitos reservados e protegidos pela Lei 9.610, de 19/02/1998. Permissão para reprodução: permissao@paodiario.com

Exceto quando indicado o contrário, todas as citações bíblicas são da Nova Versão Transformadora (NVT) © 2016 Editora Mundo Cristão.

Publicações Pão Diário
Caixa Postal 4190,
82501-970 Curitiba/PR, Brasil
publicacoes@paodiario.org
www.publicacoespaodiario.com.br
Telefone: (41) 3257-4028

Código: M4585
ISBN: 978-65-5350-006-8

1.ª impressão: 2021

Impresso no Brasil

SUMÁRIO

Apresentação 9
Prefácio 13
Introdução 17
Moisés 33
   Moisés e Deus: o desejo pela morte 34
   Moisés e o povo: o suicídio como fato social 39
   Moisés e os setenta: a prevenção ao suicídio 44
   Moisés e Aitofel: o suicídio impedido 54
Elias 63
   Elias e Jezabel: a verdade e os números 66
   Elias e Eliseu: futuro e legado 74
   Elias e o anjo: amparo e esperança 78
Jó 91
   Jó e seus amigos: a empatia no luto 93
   Jó e sua esposa: o drama familiar 103
   Jó e seu corpo: doença e morte 106
Jonas 115
   Jonas e Nínive: a ira e o ódio 116
   Jonas e a planta: o foco errado 123
   Jonas e Zinri: o desejo pela destruição 128
Rebeca 137
   Rebeca, Isaque e Jacó: a manipulação 139
   Isaque e Esaú; Rebeca e Jacó:
   preferência e negligência 144
   Rebeca e Jacó: posse e dependência 149

Jeremias *157*
Jeremias e o lamento: o desespero 159
Jeremias e Jerusalém: a perda 162
Jeremias e o exílio: a angústia 168

Davi *178*
Davi e Sansão: a alma exposta 182
Davi, Sansão, Jó e Rebeca: tormento e tortura 189
Davi e Deus: arrependimento e perdão 194

Conclusão *206*

Bibliografia *216*

Willibaldo

Dedico este livro a todos que, como eu, já chegaram perto de desistir — que Deus lhes renove o ânimo, como renovou o meu! Também o dedico aos meus alunos, que Deus colocou em minha vida como forma de cuidado, como os setenta ajudantes de Moisés. Sou grato a Deus pela vida de cada um de vocês!

Renato

Dedico este livro a todo aquele que foi chamado por Deus a cuidar do outro, a se importar e buscar dar sentido à dor, por meio de um caminho de entendimento de si e cura.

Dedico também aos meus amigos e familiares, sempre presentes em minha vida, em especial à minha esposa Flávia, representação viva do cuidado e amor de Deus comigo.

APRESENTAÇÃO

Em 2010, o filósofo sul-coreano Byung-Chul Han fez uma declaração quase profética em seu livro *Sociedade do cansaço*: afirmou que, assim como outras épocas foram marcadas por doenças provocadas por bactérias e vírus, o começo do século XXI seria marcado não "como bacteriológico nem viral, mas neuronal"[1]. Não seriam mais os vírus ou as bactérias que provocariam as principais doenças a enfrentarmos, e a luta se daria agora contra as doenças neuronais, ou seja, as doenças psicológicas e psiquiátricas.

Se considerarmos a pandemia de COVID-19, uma doença viral que se alastrou pelo mundo a partir do final do ano de 2019, podemos dizer que Byung-Chul Han errou feio! Afinal, mais do que nunca, vivemos em uma época marcada por uma doença (COVID-19) provocada por um vírus (SARS-CoV-2) que, ao nosso ver, dividiu novamente a história — pelo menos a nossa história recente — entre "antes" e "depois" da pandemia.

Porém, talvez Byung-Chul Han esteja mais correto do que pensamos, uma vez que a pandemia não foi somente marcada pela expansão do vírus pelo mundo: juntamente a tal expansão, pôde-se ver não somente efeitos políticos e econômicos, mas também mudanças no que diz respeito à saúde mental[2] — como um crescimento gigantesco da ansiedade e do desespero mundialmen-

---
1 HAN, Byung-Chul. *Sociedade do cansaço*. Trad. Enio Paulo Giachini. 2ª edição ampliada. Petrópolis: Vozes, 2017, p. 7. A publicação original, em alemão, *Müdigkeitsgesellschaft*, é de 2010.
2 SCHUCK, F. W. et al. A influência da pandemia de COVID-19 no risco de suicídio. *Brazilian Journal of Health Review*, Curitiba, v. 3, n. 5, set./out. 2020, p. 13778-13789 [13778].

te, fazendo com que a pandemia não fosse somente um evento *viral, político* e *econômico*, mas também um evento que afetou profundamente o aspecto *emocional* de muitas pessoas.

Pois, para além do vírus que se espalhava, também se multiplicavam e se intensificavam os casos de doenças neuronais (ou neurológicas) — ou seja, doenças que afetam o sistema nervoso —, tais como a depressão e a Síndrome de Burnout (SB). Assim, além da lotação dos leitos de UTI nos hospitais brasileiros, também se pôde perceber que, com o aumento da demanda por ajuda, muitos consultórios psicológicos e psiquiátricos ficaram lotados, mesmo com a facilitação nos horários decorrente das consultas on-line.

Por conta destes e de outros fatores, muitos têm indicado que, para além do combate à COVID-19, todos os países devem também, numa colaboração internacional, buscar ajudar a população nos efeitos mais profundos da pandemia, como o medo, o isolamento, a solidão, e a desesperança[3] — evitando possíveis aumentos, inclusive, na taxa de suicídios[4]. Pois, mesmo depois de a pandemia terminar, seus efeitos ainda poderão estar presentes na vida das pessoas, que terão de lidar com as marcas profundas deixadas por esta em virtude de tudo aquilo que ela provocou e tudo aquilo que cada um experimentou nestes tempos difíceis.

---

[3] GREFF, Aramita Prates et al. *Saúde mental e atenção psicossocial na pandemia COVID-19: suicídio na pandemia COVID-19*. Rio de Janeiro: Fiocruz, 2020 (Cartilha), p. 3.

[4] GUNNELL, David et al. Suicide risk and prevention during the COVID-19 pandemic. *The Lancet Psychiatry*, Vol. 7, n. 6, April 2020, p. 1-3.

A preocupação e o desespero, em 2020, por não sabermos o que aconteceria e quanto tempo o *lockdown* duraria, a frustração com as novas ondas e o aumento dos casos em 2021, a ansiedade para sermos vacinados, e até mesmo o luto, mutilado por um contato somente parcial com aquele que amamos e veio a falecer, ou mesmo com aqueles que queriam nos consolar — tudo isso deixou marcas em nós, que precisam ser tratadas a fim de não criarem raízes, para que não gerem doenças da alma.

Sendo assim, apesar de este livro ter sido escrito no contexto da pandemia, ele busca olhar para além dela, entendendo que há problemas que se intensificaram nos últimos tempos e para os quais a vacina não será a solução. Problemas que precisarão ser encarados não somente pelo Brasil, a fim de ajudar sua população, mas também pela Igreja, a fim de que, através do cuidado de vidas e amparo àqueles que sofrem, desempenhe seu papel neste mundo, fazendo a diferença.

Sabemos bem que o desafio é grande, e ultrapassa, inclusive, as nossas áreas de atuação. Afinal, um de nós (Willibaldo) é pastor e professor, e não psicólogo. E o outro (Renato) é pastor e psicólogo, mas não psiquiatra. Porém, entendendo a seriedade do que todos nós estamos enfrentando, decidimos nos empenhar e estudar, pois, da mesma forma que será fundamental o apoio mútuo entre os países para o enfrentamento da crise econômica que a pandemia deixa para trás, será essencial que as várias áreas do conhecimento — a psicologia, a psiquiatria e a teologia, por exemplo, — e as várias áreas da sociedade — a família, o Estado e a Igreja —, cooperem mutuamente para enfrentar os efeitos emocionais desta[5].

---

5   Diego De Leo indica que muitas vezes parece que se é forçado a aceitar

Por isso, sabendo de nossa limitação, escrevemos este livro não somente para ajudar a Igreja a criar consciência do problema, absorvendo e aplicando aquilo que psicólogos e psiquiatras já têm alertado a respeito da prevenção ao suicídio, mas também para que possamos dar um passo, mesmo que pequeno, na preparação da Igreja para o que vem pela frente. Algo que, por mais complicado que seja, precisa da nossa atenção, uma vez que é papel da Igreja de Jesus Cristo amparar aqueles que sofrem, como o próprio Deus deixou o exemplo, como veremos neste livro.

Curitiba, 29 de maio de 2021.

Willibaldo Ruppenthal Neto
Renato da Costa Bastos

---

que o suicídio é "primariamente um 'problema' dos psiquiatras", enquanto autores como José Manoel Bertolote propõem visões integrativas, afirmando um "paradigma verdadeiramente biopsicossocial", a fim de se ver o suicídio de forma "holística". Cf. DE LEO, Diego. Apresentação. In: BERTOLOTE, José Manoel. *O suicídio e sua prevenção*. São Paulo: Editora UNESP, 2012, p. 7-14.

PREFÁCIO

Agradeço a feliz oportunidade de prefaciar este livro que, com certeza, será de grande valia para muitos compreenderem o passado, o presente e, também, o futuro deste tema tão importante. *E pediu para si a morte: personagens bíblicos que quase desistiram*, analisa a vida tal como ela é e mostra como podemos encarar as crises existenciais nos apoiando em Deus e ajudando uns aos outros.

Seus autores, Willibaldo Ruppenthal Neto e Renato da Costa Bastos, formaram uma dupla de escritores que consegue escrever de modo científico e com muita simplicidade a respeito de um tema tão difícil. Recorrem aos estudiosos do assunto e realizam uma retrospectiva histórica, trazendo à tona muitas maneiras de se perceber a seriedade e a complexidade da questão, principalmente de não se pautar pelas tragédias de vida, e, primordialmente, enfatizar as histórias de superação, tanto bíblicas como outras.

Os personagens bíblicos expostos fazem com que possamos nos identificar em alguns aspectos psicológicos com alguns deles. As análises psicológicas, sociológicas, culturais e espirituais facilitam uma profunda reflexão de que, ao pedir a morte, alguns estão passando por uma questão existencial que vai além de suas forças. Entretanto, tais pessoas podem esperar e aceitar o cuidado de Deus, ao invés de se pautarem pelo desespero e focarem apenas na angústia, evitando, assim, o fim de suas próprias vidas.

Sou especialista em logoterapia (psicoterapia do sentido da vida) e análise existencial, cujo criador foi

Viktor Emil Frankl, médico psiquiatra e neurologista de Viena, contemporâneo de Sigmund Freud e Alfred Adler, dois pioneiros e gigantes da psicologia. Frankl, porém, encontrou a terceira via: o homem busca sentido para viver. E, por meio da terceira via, ele ajudou as pessoas em sofrimento a encontrarem sentido em suas vidas.

Quanto à análise existencial, esta "tem demonstrado que o sofrimento tem um sentido, e que além do sofrimento, a necessidade, o destino e a morte fazem parte da vida"[6]. Questões fundamentais, uma vez que "nenhum desses elementos se pode separar da vida sem se lhe destruir o destino. Privar a vida da necessidade e da morte, do destino e do sofrimento, seria como tirar-lhe a configuração, a forma"[7]. A vida só adquire forma e figura com as marteladas que o destino lhe dá quando o sofrimento a põe ao rubro. Frankl indica caminhos que o homem pode conseguir para encontrar sentido em sua existência, por meio dos valores de criação e atitude:

> Só quando o homem já não tem nenhuma possibilidade de realizar valores criadores; só quando ele já não está realmente em condições de configurar o destino, só então pode realizar os valores de atitude; só nessa altura tem algum sentido "carregar a sua cruz". A essência de um valor de atitude reside precisamente no modo como um homem se submete ao irremediável; quer dizer: o pressuposto da verdadeira realização dos valores de atitude consiste em se tratar realmente de qualquer coisa de irremediável.[8]

---

6 FRANKL, Viktor Emil. *Psicoterapia e sentido da vida*. São Paulo: Quadrante, 2003. p. 154.

7 FRANKL, Viktor Emil. *Psicoterapia e sentido da vida*. São Paulo: Quadrante, 2003. p. 154.

8 FRANKL, Viktor Emil. *Psicoterapia e sentido da vida*. São Paulo: Quadrante, 2003. p. 155.

Elisabeth Lukas, logoterapeuta de Viena, discípula de Frankl, aponta que o valor da experiência de vida de cada pessoa pode ser um farol para encontrar sentido em sua própria vida. "O sentido do sofrimento nem sempre é evidente, e quando evidenciado, é apenas num tempo tardio e, portanto, é restritivo"[9]. Os exemplos geralmente são extraídos da própria experiência, "donde se depreende que algum fato realmente doloroso em sua vida bem pode ter tido, a partir de uma visão mais tardia, um sentido que naquela ocasião não lhes era patente"[10].

Frankl, depois de sair de quatro campos de concentração, disse: "A vida tem sentido em toda e qualquer situação". Seu livro *Em busca de sentido*, editado pela Vozes e pela Sinodal, já vendeu no mundo mais de 10 milhões de cópias. Seus 30 livros escritos já estão em mais de 30 línguas.

É uma honra que me foi dada escrever este prefácio, pois certamente este livro ajudará muitos que trabalham com aconselhamento pastoral, assim como os que se propõem a ajudar pessoas que estão passando por crises existenciais e se sentem muito fragilizadas a ponto de pensarem em suicídio. Esta obra é um convite à vida, à esperança e ao sentido, crendo em um Deus como um Pai de amor, que nos acolhe, sustenta e ergue em toda e qualquer situação. E Ele espera que cada um de nós encontre sentido em sua vida, bem como que ajudemos outros a encontrarem sentido em suas vidas.

O sentido do sofrimento nem sempre é evidente; e quando é evidenciado, é apenas em um tempo tardio e,

---

9 LUKAS, Elisabeth. *Logoterapia: a força desafiadora do espírito*. São Paulo: Loyola, 1989. p. 198.
10 LUKAS, Elisabeth. *Logoterapia: a força desafiadora do espírito*. São Paulo: Loyola, 1989. p. 198.

portanto, restritivo. Os exemplos geralmente são extraídos da própria experiência, "donde se depreende que algum fato realmente doloroso em sua vida bem pode ter tido, a partir de uma visão mais tardia, um sentido que naquela ocasião não lhes era patente"[11].

Não pode, porém, ser suficientemente ressaltado que o sofrimento seja de alguma forma necessário para preencher um sentido, ainda que possa valer muito bem. O preenchimento de um sentido é possível apesar de um sofrimento, conquanto o sofrimento seja inevitável.

Ademais, a liberdade espiritual do homem lhe concede a oportunidade até o último instante de tornar sua vida plena de sentido; afinal, se a vida tem um sentido, então também o sofrimento tem um.

Para Frankl[12], o homem só se torna homem e só é completamente ele mesmo quando fica absorvido pela dedicação a uma tarefa, quando se esquece de si mesmo a serviço de uma causa, ou pelo amor a uma pessoa. É como o olho, que só pode cumprir sua função de ver o mundo enquanto não vê a si próprio. O sentido tem um caráter objetivo de exigência e está no mundo, não no sujeito que o experiencia.

Pr. Guilherme Falcão[13]

---

11 LUKAS, Elisabeth. *Logoterapia: a força desafiadora do espírito*. São Paulo: Loyola, 1989. p. 198.
12 FRANKL, Viktor Emil. *A psicoterapia na prática*. Campinas: Papirus, 1991. p. 18.
13 Pastor, psicólogo clínico, sexólogo, logoterapeuta, gerontólogo e professor. Mestre em Tecnologia, Trabalho e Gênero. Ex-presidente do Corpo de Psicólogos e Psiquiatras Cristãos (CPPC) e vice-presidente da Associação de Logoterapia Viktor Emil Frankl (ALVEF). Ex-presidente da Associação Brasileira de Logoterapia e Análise Existencial (ABLAE).

INTRODUÇÃO

O tema deste livro é um grande desafio. Afinal, buscamos estudar a prevenção ao suicídio à luz da Bíblia, analisando aqueles personagens bíblicos que quase desistiram e o que eles têm a nos ensinar. Um tema que é complexo, mas que é também fundamental.

Talvez você tenha estranhado o tema deste livro. Nós compreendemos! De fato, é raro encontrarmos obras que falem a respeito do suicídio na Bíblia, e há motivos para isso. Podemos pensar que essa falta é, por exemplo, fruto de um medo que algumas pessoas têm: o medo de que, ao escreverem sobre este tema, possam, de alguma forma, não se fazer entender e acabar resultando em algo desastroso. Um medo que é importante, pois mostra a seriedade do assunto, mas que precisa ser entendido.

Por conta deste medo, o tema do suicídio é muitas vezes visto como um verdadeiro tabu. É evitado, quase como algo proibido, como um assunto que não deve ser tocado. Mas por que o suicídio é um tabu? Porque há uma preocupação (legítima, aliás) de que, ao se mexer nesse assunto de forma inadequada, possa acabar havendo um incentivo ao suicídio, seja por colocá-lo em destaque, ou ainda por ser lembrado àqueles que sofrem, como uma opção da qual muitas vezes nem cogitavam.

Assim, sendo um tema delicado que, ao ser tratado, pode gerar consequências difíceis de se lidar, muitos preferem evitá-lo. É como um porco-espinho que muitos escolhem não tocar a fim de não se espetarem ou mesmo para não machucarem a outros, tendo em vista a dificuldade de manuseá-lo.

Isso pode ser visto, por exemplo, na ideia (que muitos defendem) de que o anúncio de notícias de suicídios (especialmente de pessoas famosas), assim como representações de suicídios em obras de literatura (seja real ou ficção), podem levar pessoas a se suicidar. Desta forma, se percebe um grande aumento nas taxas de suicídio quando estes fatos ocorrem.

Apesar de parecer uma ideia um tanto exagerada, se ela não tivesse fundamento algum certamente não teria sido incorporada, em parte, pela Organização Mundial da Saúde (OMS/WHO), a qual, em seu material de direcionamento a profissionais da mídia na prevenção ao suicídio, coloca algumas ações a serem realizadas e outras a serem evitadas. Ou seja, a questão é tão relevante, que levou a OMS a "elaborar um guia para profissionais de mídia, para orientá-los quanto ao modo correto de noticiar um suicídio"[14].

Neste material, é orientado aos profissionais da mídia que não coloquem histórias de suicídio em destaque: quando tiverem que aparecer, devem ser colocadas, por exemplo, nas páginas internas dos jornais, ou em blocos secundários nas notícias da TV[15]. Porém, elas nunca podem ser o centro das atenções, para que o impacto negativo seja minimizado tanto quanto possível.

Porém, isso nem sempre é seguido, às vezes intencionalmente, e às vezes por não ser possível. Às vezes pela intenção de se causar comoção pela notícia do suicídio,

---

14 COUTINHO, Alberto H. S. de A. Suicídio e laço social. *Reverso*, Belo Horizonte, ano 32, n. 59, jun. 2010, p. 61-70 [67].
15 World Health Organization (WHO); International Association for Suicide Prevention (IASP). *Preventing suicide: a resource for media professionals, update 2017*. Geneva: World Health Organization, 2017, p. 6.

às vezes por desconhecimento da questão, e às vezes por ambos, como podemos ver quando olhamos para o passado, antes desta recomendação da OMS, cuja versão atualizada data de 2017.

Como não lembrar do suicídio do presidente Getúlio Vargas, de 1954? Em vez de tal cuidado (que era pouco conhecido, na época), a morte dele apareceu nas manchetes dos jornais e era destacada em todos os meios de comunicação, para causar comoção. No jornal *Última Hora*, por exemplo, o anúncio da manchete destacava o suicídio de forma positiva: "Matou-se Vargas. O presidente cumpriu a palavra: 'só morto sairei do Catete'". Nos rádios, os locutores liam trechos de sua carta de despedida, e, nas ruas, as pessoas reagiam com tumultos.

Assim, apesar de ter sido um suicídio, a morte de Vargas foi exaltada. Como bem destacou Lira Neto, "em vez de significar um gesto de fraqueza e covardia, a autoimolação de Getúlio o tornava um mártir e, para o imaginário coletivo nacional, um símbolo heroico de resistência"[16]. Ou seja, o modo com que a morte de Vargas foi encarada transformou o seu suicídio, na mente de muitos, de um ato terrível em uma forma corajosa de Getúlio ter mantido sua palavra.

Porém, não são apenas os suicídios de famosos que podem afetar as pessoas. O suicídio de personagens ficcionais também pode ter um efeito complicado. Nesse sentido, há uma famosa associação entre uma obra literária e o suicídio: a ideia de que muitos suicídios foram decorrentes da leitura do romance trágico *Os sofrimentos do*

---

16 NETO, Lira. *Getúlio (1945-1954): Da volta pela consagração popular ao suicídio*. São Paulo: Companhia das Letras, 2014, p. 345-346.

jovem Werther, de Johann Wolfgang von Goethe, o qual foi publicado em 1774. Uma ideia sem uma devida comprovação (tendo artigos indicando sua comprovação e outros tantos questionando-a), mas não sem fundamento.

Afinal, a obra de Goethe não somente tem um desfecho com o suicídio do personagem principal, Werther, mas também, ao longo do texto, apresenta um questionamento da visão negativa sobre o suicídio: o personagem, antes mesmo de se matar, defende o suicídio como uma opção válida, quase como uma justificativa preparada para o trágico final do livro. E, em vista de tudo isso, Goethe teve até mesmo de vir a público a fim de se defender, visto que muitos haviam se suicidado do mesmo modo que Werther, ou ainda tinham uma cópia de seu livro, o qual foi relacionado ao fato[17].

Por essa razão, duzentos anos depois, em 1974, o pesquisador D. P. Phillips criou a expressão "efeito Werther"[18] para denominar a influência do suicídio de personagens (reais ou fictícios) na decisão de outras pessoas. Na sua ideia, a influência do *Werther* no suicídio de muitos poderia ocorrer novamente, com novas histórias, que poderiam ter um efeito negativo na vida de pessoas reais.

Se pensarmos no modo de verificar essa influência, comparando as taxas de suicídio não somente ao lançamento da obra, mas também relacionando ao tempo de leitura da mesma e a sua divulgação, por exemplo, pode-

---

17 Associação Brasileira de Psiquiatria (ABP); Conselho Federal de Medicina (CFM). *Comportamento suicida: conhecer para prevenir, dirigido para profissionais de imprensa*. Rio de Janeiro: Associação Brasileira de Psiquiatria, s.d., p. 14.
18 PHILLIPS, D. P. The influence of suggestion on suicide: Substantive and theoretical implications of the Werther Effect. *American Sociological Review*, Vol. 39, 1974, p. 340-354.

remos entender que se trata de algo que é muito difícil de ser medido e, por isso, de ser provado[19]. Porém, a teoria de Phillips parece fazer certo sentido e, se estiver correta, com certeza não começou com a obra de Goethe nem terminou com ela.

Recentemente, pôde-se ver um expressivo aumento na taxa de suicídios nos EUA no ano de 2017, e novamente aqueles que cogitaram um "efeito Werther": tal aumento, segundo alguns, estaria relacionado ao lançamento da série *13 Reasons Why*[20], da Netflix, naquele ano.

Tal série, baseada no livro homônimo de Jay Asher, de 2007, conta a história ficcional de Hannah Baker, uma menina adolescente que se suicida, e que relata, por meio de fitas cassete, as treze razões de seu suicídio. Ou seja, o suicídio não somente aparece na obra, mas é, de fato, seu tema principal, o elemento central ao redor do qual toda a trama se passa.

Assim, a série, além de indicar uma justificação do suicídio por parte daquela que morreu, também acaba focando muito neste, sendo o elemento principal da trama, e por isso foi criticada por muitos. Outros a criticaram afirmando que ela acaba deixando de apresentar uma alternativa ao suicídio[21], o que levou muitos a realizarem duras críticas e proporem restrições. Não foi à toa,

---

19 Sobre os problemas da mensuração do "efeito Werther", cf. JONAS, Klaus. Modelling and suicide: A test of the Werther Effect. *British Journal of Social Psychology*, Vol. 31, 1992, p. 295-306.
20 BRIDGE, Jeffrey A. et al. Association Between the Release of Netflix's *13 Reasons Why* and Suicide Rates in the United States: An Interrupted Time Series Analysis. *Journal of the American Academy of Child & Adolescent Psychiatry*, Volume 59, Number 2, February 2020, p. 236-243.
21 ROSA, G. S. et al. Thirteen Reasons Why: The impact of suicide portrayal on adolescents' mental health. *Journal of Psychiatric Research*, Vol. 108, 2019, p. 2-6.

portanto, que a Netflix, considerando essa pressão externa, acabou removendo a cena de suicídio de *13 Reasons Why*[22].

Porém, as reações à série não foram somente críticas: ao mesmo tempo que muitos a criticaram, existiram também aqueles que perceberam um potencial positivo da série, a conscientização em relação ao suicídio[23]. Ou seja, ao invés de ver a série como um problema, ao trazer o tema do suicídio à tona, muitos a viram como uma série que trata de um problema já existente, trazendo-o à luz e incentivando ações que o evitem.

Afinal, talvez mais do que causar tais suicídios, a série, assim como o livro, tenha sentido a importância do tema, trazendo à tona uma realidade crescente. Se for assim, ao invés de tais suicídios serem decorrentes de uma imitação, como resultado da série, pode ser que na verdade a série seja o fruto da realidade do suicídio, expressando artisticamente uma realidade com a qual a sociedade deve lidar para prevenir e antecipar.

Por esta razão, além daqueles que criticaram a série, muitos outros aproveitaram dela como oportunidade para tratar deste tema, lutando contra o suicídio por meio do uso da série como gatilho para reflexões que ocorreram em salas de aula, grupos de amigos, ou mesmo em reuniões de igrejas, onde se buscou criar um ambiente para o cuidado e amparo de quem sofre, a fim de favorecer a prevenção ao suicídio.

---

[22] MARSHALL, Alex. Netflix Deletes '13 Reasons Why' Suicide Scene. *New York Times*, July 16, 2019.

[23] É possível que ambas as consequências: aumento na taxa de suicídio e aumento na conscientização contra o suicídio sejam consequências da série. Cf. AYERS, John W. et al. Internet Searches for Suicide Following the Release of 13 Reasons Why. *JAMA Internal Medicine*, Published online July 31, 2017, p. E1-E2.

Essa posição pode nos levar a uma reflexão... Talvez, de fato, não tocar no assunto não seja a solução, e a conscientização — tratando o tema adequadamente — possa colaborar na prevenção ao suicídio. Muitos, hoje, têm defendido que ignorar o problema não o soluciona, pois ele já existe, e precisa ser tratado. E, na verdade, como bem lembram Ronaldo de Matos, Ádina Borges de Oliveira, e Isabela Lima de Moraes Gonçalves, "a Psicanálise mostra que é justamente quando não se pode falar sobre algo, que este algo ganha mais força", de modo que é fundamental "falarmos sobre a tristeza, a depressão, os lutos não elaborados, a melancolia, a vontade de morrer", e até "o suicídio"[24].

Para além disso, hoje, com a facilidade de informações que vemos (principalmente por causa da internet), cabe àqueles que querem combater o suicídio não se manterem sempre no silêncio. Parece cada vez mais necessário que aqueles que querem lutar contra o suicídio busquem alçar voz ajudando que informações corretas e positivas possam chegar àqueles que sofrem, para que a ajuda adequada possa alcançar quem precisa. Afinal, "falar abertamente sobre suicídio pode ser o início da cura e salvar inúmeras vidas"[25].

Tendo em vista esse potencial de conscientização e a importância de informações serem divulgadas, foi criado, em 2004, o "Dia Mundial de Prevenção ao Suicídio", observado no dia 10 de setembro. Este conta anualmente com atividades desempenhadas mediante uma par-

---

24 MATOS, Ronaldo de; OLIVEIRA, Ádina Borges de; GONÇALVES, Isabela Lima de Moraes. Suicídio: a fala de um desejo. *PSICOTEO*, n. 63, Ano XXVIII, primeiro semestre de 2020, p. 44-49 [47].
25 SOBRINHO, Ismael. *Depressão: o que todo cristão precisa saber*. São Paulo: Editora Vida, 2019, p. 107.

ceria entre a OMS e a Associação Internacional para a Prevenção do Suicídio (International Association for Suicide Prevention, IASP), que têm buscado aproximar as informações corretas e o cuidado adequado daqueles que carecem por estarem em risco de morte por suicídio.

De modo semelhante, desde 2014, a Associação Brasileira de Psiquiatria (ABP) e o Conselho Federal de Medicina (CFM) têm organizado a cada ano o *Setembro Amarelo*[26], uma campanha brasileira de conscientização para prevenção ao suicídio. Tal campanha tem buscado trazer informações, a fim de se combater o que se entende como "mitos" a respeito do suicídio, além de possibilitar o cuidado daqueles que estão entre as pessoas com fatores de risco, como aqueles que já realizaram uma tentativa prévia ou aqueles que apresentam algum tipo de transtorno mental[27].

Apesar desses notáveis esforços em nível mundial, há poucos estudos no que diz respeito ao modo com que a Bíblia trata o suicídio, algo que é um tanto quanto surpreendente. É como se a Bíblia não tivesse — ou tivesse muito pouco — a dizer sobre o assunto. Assim, muitas vezes não se percebe o potencial da Palavra de Deus na promoção da conscientização a respeito do suicídio. Potencial este que é percebido quando consideramos o que foi indicado aqui à luz da Bíblia.

Quando se pensa no suicídio nas Escrituras, normalmente vem à mente os casos de suicídio relatados por ela: os suicídios de Sansão, Aitofel, Zinri, Abimeleque, Saul e seu escudeiro, no Antigo Testamento, ou ainda o

---
26 Cf. https://www.setembroamarelo.com
27 Cf. Associação Brasileira de Psiquiatria (ABP). *Suicídio: informando para prevenir*. Brasília: Conselho Federal de Mecidina, 2014.

suicídio de Judas Iscariotes no Novo Testamento. Assim, lembrando do "fator Werther", evita-se tratar do tema do suicídio por meio desses casos, a fim de que o suicídio desses personagens bíblicos não incentive, de alguma forma, o suicídio de outros.

Porém, o que muitas vezes não é percebido é que, para além desses relatos de suicídio na Bíblia, há também algo que precisa ser destacado, estudado e aplicado: os casos que a Bíblia apresenta de prevenção ao suicídio. Para além daqueles que efetivamente tiraram suas vidas, há também aqueles que "pediram para si a morte" — como diz o texto bíblico —, e que, ao invés de morrerem, foram cuidados e amparados por Deus. Tais pessoas não necessariamente intencionaram um suicídio, porém, deixaram claro para Deus o desejo que tinham de morrer, algo que pode conduzir alguém à ideação suicida, ou seja, a um plano para tirar a própria vida.

Assim, quando se estuda o suicídio na Bíblia, podemos pensar naqueles casos de pessoas que morreram por suicídio. Porém, também é possível olharmos a partir das histórias de Moisés, Elias, Jó, Jonas, Rebeca, Jeremias e Davi, que foram pessoas que desejaram a morte, mas que não morreram, pois Deus cuidou deles e restaurou suas vidas. Pessoas que desejaram a morte, e que poderiam ter entrado em um caminho para o suicídio, mas que não o realizaram.

É complicado afirmarmos que tais personagens bíblicos tiveram a ideia do suicídio[28]. Afinal, nem todo aquele que deseja a morte tem uma ideação suicida, ou seja, nem sempre se planeja a própria morte. Porém, o

---

28 Cf. BERENCHTEIN NETTO, Nilson. Perguntas respondidas por Nilson Berenchtein Netto. In: Conselho Federal de Psicologia (CFP). *O suicídio e os desafios para a Psicologia*. Brasília: CFP, 2013, p. 79-107 [80].

desejo pela morte pode resultar na morte de alguém, caso tal pessoa não seja devidamente cuidada e amparada. Algo que mostra o quão importante é tratarmos o desejo pela morte na prevenção ao suicídio.

Ao enfatizarmos na Bíblia não tanto aqueles que morreram por suicídio, mas aqueles que desejaram a morte e foram amparados por Deus, estaremos seguindo dois caminhos importantes: em primeiro lugar, estaremos realizando o que o programa "Setembro Amarelo" sugere à imprensa — que se trate do tema dando destaque àqueles que "enfrentaram problemas sem se suicidarem, focando na superação de problemas"[29]; em segundo lugar, estaremos seguindo a tendência bíblica de se colocar o valor da vida acima do valor da morte, uma vez que as Escrituras apresentam valores segundo os quais se "prefere completamente viver do que suicidar"[30]. *A Bíblia, portanto, é um livro que trata da morte, mas que ensina o caminho da vida.*

Deste modo, a Bíblia pode contribuir (e muito, aliás!) na conscientização para a prevenção ao suicídio: algo fundamental, se considerarmos a importância e o valor da vida humana na perspectiva da Palavra de Deus. Até porque a história dos personagens bíblicos que quase desistiram mostra um Deus que, ao invés de matar ou julgar, "concede vida, reanimando-os e, de certa forma, prevenindo o suicídio dos mesmos"[31]. Mas, como a Bíblia pode servir neste sentido? De que modo ela pode favorecer a prevenção ao suicídio?

---
29 ABP; CFM, s.d., p. 16.
30 KAPLAN, Kalman J.; SCHWARTZ, Matthew B. *A Psychology of Hope: A biblical response to tragedy and suicide*. Revised and expanded edition. Grand Rapids; Cambridge: Eerdmans, 2008, p. 114.
31 RUPPENTHAL NETO, Willibaldo. A morte. In: NASCIMENTO, Lucas Merlo; RUPPENTHAL NETO, Willibaldo. (Org.). *O ser humano no Antigo Testamento: ensaios de antropologia bíblica*. São Paulo: Recriar, 2020, p. 163-170 [166].

As Escrituras podem ajudar, por exemplo, questionando alguns "mitos" sobre o suicídio, como o de que "não devemos falar sobre suicídio, pois isso pode aumentar o risco", deixando claro que, na verdade, como bem indicam os especialistas, "falar sobre o suicídio não aumenta o risco", uma vez que "falar com alguém sobre o assunto pode aliviar a angústia e a tensão"[32].

Afinal, não é isso que Moisés, Elias, Jó, Rebeca, Jeremias, Jonas e Davi fizeram, ao apresentar o desejo de morte a Deus, pedindo para si a morte? Assim, por mais que muitas vezes suas palavras tenham sido vistas como queixas contra Deus, elas podem, e devem, ser encaradas como possíveis indicações daquela angústia que pode estar precedendo um suicídio. Angústia esta que recebeu a atenção de Deus e merece também a nossa atenção.

Deste modo, podemos ver na Bíblia casos exemplares, nos quais a tensão e a angústia que os pensamentos suicidas geram não são guardadas e escondidas, mas apresentadas a Deus, para que Ele possa ajudá-los. Trata-se, portanto, de uma possibilidade de cura que é aberta pelo diálogo, pela abertura do coração, pela exposição do sofrimento, e por um pedido de ajuda. Algo que é fundamental na prevenção ao suicídio. Afinal, na maioria das vezes, o suicídio não é uma decisão tomada de uma hora para a outra, mas "encerra uma mensagem de um sujeito, que emite sinais de angústia antes de consumar seu ato"[33].

E, inversamente, também se pode aprender com a Bíblia no próprio exemplo de Deus, um Deus que

---
32 ABP, 2014, p. 14.
33 COUTINHO, 2010, p. 67.

ouve, que ama e que cuida. Segundo Kalman J. Kaplan e Matthew B. Schwartz, pode-se pensar em Deus atuando na Bíblia, por analogia, "como um bom terapeuta", intervindo para "desviar os desejos de morte proferidos"[34] por estas pessoas e nos deixando o exemplo de que não devemos julgar, mas ajudar aqueles que sofrem. Vejamos, portanto, como Deus cuidou de cada um destes, começando por Moisés.

---

34 KAPLAN, Kalman J.; SCHWARTZ, Matthew B. Suicide and Suicide Prevention in the Hebrew Bible. *Journal of Psychology and Judaism*, Vol. 24, No. 1, Spring 2000, p. 99-109 [104].

Converse com alguém em que você confia, não hesite em pedir ajuda, você pode precisar de alguém que o acompanhe e o auxilie a entrar em contato com os serviços de suporte.

ONDE BUSCAR AJUDA?

Capelão FABAPAR
Acesse o link: **fabapar.com.br/capelania/**
CAPS e Unidades Básicas de Saúde

CVV: telefone **188** (ligação gratuita), chat e e-mail pelo **cvv.org.br**

Emergência: SAMU 192, UPA, Prontos-Socorros e Hospitais.

"sozinho, não sou capaz"

MOISÉS

MOISÉS

"sozinho, não sou capaz"

> *Sozinho, não sou capaz de carregar todo este povo! O peso é grande demais! Se é assim que pretendes me tratar, mata-me de uma vez; para mim seria um favor, pois eu não veria esta calamidade!*
>
> Números 11.10-15

Não são poucas as pregações que já foram feitas a respeito do texto de Números 11, no qual Moisés escolhe 70 líderes de Israel para o auxiliar. Normalmente este texto é utilizado como exemplo da importância de os líderes delegarem funções, sendo aplicado tanto em relação à vida diária como também em relação a pastores e, inclusive, ao ambiente empresarial.

Porém, nem sempre o texto é lido e pensado a partir de seu contexto, no qual aparece não somente a queixa do povo a Moisés, mas também — e principalmente — a queixa de Moisés a Deus, que termina com um claro desejo pela morte: "*Sozinho, não sou capaz de carregar todo este povo! O peso é grande demais! Se é assim que pretendes me tratar, mata-me de uma vez; para mim seria um favor, pois eu não veria esta calamidade*" (Nm 11.14-15, NVT).

É essa fala de Moisés que precede a escolha dos 70, de modo que podemos pensar nela como a sua causa direta. Mas o que podemos ver nesta fala de Moisés? O que a Bíblia pode nos ensinar a partir desse relato de alguém tão desesperado que chega a pedir para si a morte?

MOISÉS E DEUS: O DESEJO PELA MORTE

Em nossa leitura, pode parecer que Moisés exagerou, parece que ele fez uma verdadeira tempestade em um copo d'água! Afinal, para que uma "oração longa e irada"[35] como essa? Para que tanta raiva e desespero? Acontece, porém, que essa foi a forma que Moisés encontrou para desabafar "a sua frustração diante de Deus"[36]. Um desabafo que Deus, ao invés de punir, acolheu e respondeu com amor e cuidado.

Ele, cuja ira se ascendeu contra o povo (Nm 11.1 e 10), se mostrou compassivo para com Moisés, cuja reação à revolta do povo foi se dirigir imediatamente a Deus para interceder pelo povo[37]. Sendo assim, precisamos aprender com Deus a ouvirmos e acolhermos aqueles que têm desejo pela morte, a fim de os tratarmos e ajudarmos, agindo como Deus, e interceder a Deus pelo povo, tal como Moisés fez.

A resposta de Deus à oração de Moisés pode nos parecer um tanto estranha. Afinal, por associarmos o desejo de morte ao pecado, podemos pensar que a oração foi um grande erro de Moisés, falando o que não deveria ter falado. E já que não podemos negar que ele era um homem de Deus, supomos que foi um equívoco, ou, pelo menos, um exagero, de modo que ele não teria falado seriamente.

---

35 WENHAM, Gordon J. *Números: introdução e comentário*. São Paulo: Vida Nova, 2006 (Série Cultura Bíblica), p. 115.
36 WENHAM, 2006, p. 115.
37 ARTUSO, Vicente; DIREITO TEIXEIRA, Rafael. *Taberá*: a queixa do povo e o fogo da ira divina (Números 11,1-3). *Interações: Cultura e Comunidade*, vol. 9, núm. 15, enero-junio, 2014, p. 181-191 [185].

Mesmo quando não vemos tal pedido como um exagero, como um erro de alguém que se deixou levar pela emoção, podemos acabar vendo-o como uma tentativa de Moisés de convencer a Deus, falando para matá-lo quando na verdade não desejava a morte, mas uma solução para seus problemas. Seria, portanto, somente uma "barganha" em vez de "um desejo sério pela morte"[38].

Porém, uma barganha deste tipo não impede que haja também, ao mesmo tempo, um desejo sério de morte: tal desejo muitas vezes nasce justamente de um desespero pela resolução de problemas, no qual a morte passa a ser vista como uma forma de solução ou uma possível escapatória. A vida, desvalorizada, passa a ser vista somente como uma mercadoria para se barganhar uma solução, que é tudo que importa para aquele que sofre!

Há casos, como lembram Kalman J. Kaplan e Matthew B. Schwartz, nos quais o suicídio ocorre em situações frustrantes, "mesmo quando a intenção original não é a morte"[39]. Suicídios que são decorrentes de situações terríveis nas quais as pessoas, por estarem envolvidas por elas, não conseguem enxergar a solução, e veem a morte como se fosse a única forma de escape. Assim, vêm a morrer, por não terem tido a condição de ver alternativas ou mesmo de dimensionar o problema na sua medida correta.

Afinal, para aquele que vive uma situação desesperadora, o problema que está sendo enfrentado pode parecer algo gigantesco — mesmo quando não é algo tão grande assim —, e pode parecer algo irremediável, incurável,

---

38 KAPLAN; SCHWARTZ, 2000, p. 106.
39 *Ibid.* 106.

mesmo que possa ter uma solução simples. E, por isso, a situação é desesperadora: pois, diante de tal problema monstruoso, a pessoa, não conseguindo ver para além deste, perde suas esperanças e deixa de esperar por uma solução, se "des-*esperando*" e se "des-*esperançando*".

É necessário, portanto, que aquele que está cativo de desejos suicidas como consequência das dificuldades que enfrenta busque ajuda, a fim de poder olhar para além de si mesmo. Ao invés de desvalorizarmos tais sentimentos de aflição e sofrimento, portanto, precisamos ajudar a quem sofre a olhar para além do problema, indicando que pode haver uma "luz no fim do túnel".

Quando é o caso de uma depressão, tal necessidade se faz ainda mais urgente, uma vez que o impedimento da visualização para além do sofrimento pode ser um problema de ordem não apenas psicológica, mas também psiquiátrica, quando, por desordem química, o cérebro de alguém se torna a sua própria prisão, como nós já vimos acontecer e, infelizmente, um de nós dois já vivenciou.

Poderíamos também pensar que a indicação de Moisés de um desejo de morte não passaria de uma reclamação e, inclusive, uma infantilidade. Afinal, há uma ideia de que "as pessoas que ameaçam se matar não farão isso", porque se o quisessem o fariam, e se falam sobre o suicídio e sua intenção de morte, é porque "querem apenas chamar a atenção"[40]. Isto, porém, é um mito que deve ser combatido, visto que "a maioria dos suicidas fala ou dá sinais sobre suas ideias de morte"[41].

---

40 ABP, 2014, p. 13.
41 *Ibid*. 13.

A verdade é que é "um grande engano pensar que aqueles que ameaçam suicidar-se nunca o farão"[42]. Pelo contrário! A grande maioria dos casos de suicídio são justamente de pessoas que indicaram sua intenção previamente. Cerca de 80% das pessoas que morrem por suicídio em algum momento falaram que se matariam[43]. Ou seja, a verdade é completamente oposta ao mito, e Moisés, tendo falado de seu desejo de morte, se não tivesse sido cuidado por Deus, poderia ter dado cabo de sua vida.

Sendo assim, não devemos ver a afirmativa de Moisés como um exagero ou uma barganha. Devemos vê--la como a indicação de uma realidade: que "Moisés, líder de Israel escolhido por Deus, precisou de ajuda"[44]. E, se Moisés precisou de ajuda, não devemos ter vergonha por também precisarmos. Reconhecer a necessidade de sua limitação não foi um ato de fraqueza por parte de Moisés, foi um ato de força e bravura, admitindo perante Deus sua necessidade de ajuda e evitando que pudesse vir a cometer uma ofensa contra Deus ao tirar sua própria vida.

É comum que algumas pessoas, as quais têm preconceitos em relação ao trabalho psicológico ou psiquiátrico, tratem a busca de ajuda com desdém, afirmando, como infelizmente já ouvi, que não passa de "frescura". Algumas vezes, quando filhos, netos ou conhecidos indicam que querem procurar auxílio por meio de tratamento e terapia, tais pessoas não dão valor e pensam ser somente uma forma de eles "chamarem a atenção".

---

42 LOPES, Hernandes Dias. *Suicídio — causas, mitos e prevenção*. São Paulo: Hagnos, 2007, p. 121.

43 LOPES, 2007, p. 121.

44 KOCH, H. J. Suicides and suicide ideation in the Bible: na empirical survey. *Acta Psychiatrica Scandinavica*, vol. 112, 2005, p. 167-172 [170].

De fato, quando isso ocorre, estas pessoas realmente querem chamar a atenção: querem ser notadas para que, com a ajuda de outros, possam ser tratadas e possam melhorar. Isto pode ser visto, inclusive, nas notas de suicídio, que são as mensagens deixadas por aqueles que pretendem se suicidar antes de o fazerem, as quais têm, entre suas principais motivações, a possibilidade de, por meio destas, de algum modo, "atrair piedade ou atenção"[45]. Ou seja, muitas vezes tais pedidos de ajuda chegam a se materializar em anúncios do suicídio pretendido, os quais podem ser uma última forma da pessoa conseguir a atenção necessária para alguém lhe ajudar.

E, por mais contraditório que possa ser, há pessoas que optam pelo suicídio justamente para chamarem a atenção de alguém. Por esta razão, há a recomendação por parte da Associação Brasileira de Psiquiatria (ABP) e do Conselho Federal de Medicina (CFM) à imprensa para que não carregue reportagens de suicídio com imagens de amigos e familiares impactados, a fim de que não "acabe por encorajar algumas pessoas mais vulneráveis a tomarem o suicídio como forma de chamar a atenção ou de retaliação contra outros"[46].

Afinal, vendo a importância dedicada àquele que morreu por suicídio, após sua morte, pessoas carentes de atenção podem acabar cogitando que, ao morrerem, finalmente poderão receber tal atenção. No entanto, elas não compreendem que não a receberão, de fato, por já não estarem mais vivas.

---

45 COUTINHO, 2010, p. 64.
46 ABP; CFM, s.d., p. 14.

Porém, para além da contradição, tal possibilidade indica algo que é bem conhecido desde os estudos do sociólogo Émile Durkheim, que inaugurou o estudo social do suicídio com sua obra *O suicídio*[47]: o fato de que o suicídio, para além de ser uma decisão pessoal, é também um fenômeno social. Afinal, a ideia de que o suicídio é simplesmente "uma decisão pessoal" é um equívoco, é um "mito"[48], que deve ser contestado e combatido.

MOISÉS E O POVO:
O SUICÍDIO COMO FATO SOCIAL

Pode-se perceber que o suicídio é um fato social quando se atenta para as duas maiores razões para que aqueles que pretendem o suicídio deixem uma nota de despedida: "aliviar a dor dos que ficam, tentando isentá-los de culpa", ou "aumentar a dor dos que ficam, atribuindo-lhes culpa"[49].

Ou seja, apesar do suicídio ser, em certa medida, um ato pessoal, possui razões e intenções sociais. Às vezes tais intenções visam mais a outras pessoas do que a própria pessoa que morre por suicídio: visam aliviar a outros do "peso" que a pessoa se considera, ou mesmo ser uma forma de ferir a outros, pela culpa.

Segundo Émile Durkheim, pode-se inclusive identificar "tipos" de suicídio a partir de sua relação com a sociedade, e a partir do grau de integração da pessoa com

---

[47] DURKHEIM, Émile. *O suicídio: estudo de sociologia*. Trad. Monica Stahel. São Paulo: Martins Fontes, 2000. (Coleção Tópicos). O livro foi publicado originalmente em francês como *Le Suicide: Étude de sociologie*, em 1897.
[48] ABP, 2014, p. 13.
[49] COUTINHO, 2010, p. 64.

seu grupo social. Tais tipos seriam quatro: o *egoísta*, o *anômico*, o *fatalista* e o *altruísta*. Cada qual sendo resultante de uma forma de relação social, seja pelo vínculo do indivíduo com a sociedade, ou ainda a falta deste. Vejamos os quatro tipos...

 O tipo *egoísta* é a morte por suicídio que decorre da ausência de presença social na vida de um indivíduo. É resultante, portanto, da incapacidade de uma pessoa de ver-se como alguém que integra uma sociedade a um nível relacional. Ou seja, se dá quando alguém não se considera parte da sociedade na qual vive e, por isso, não vê sentido em sua própria vida. Por causa disso, normalmente se entende que tal suicídio pode ser evitado por meio da intervenção terapêutica, que lhe dá o suporte afetivo do qual sente falta[50], criando uma relação e ajudando a pessoa a se ver como parte da sociedade.

 O tipo *anômico* diz mais respeito à forma com que o indivíduo vê a sociedade do que efetivamente sua relação com ela. Afinal, decorre de uma sensação de perda de leis de funcionamento, ou seja, a pessoa opta pela morte quando a sociedade, à qual pertence, parece não lhe fazer mais sentido, mesmo que ainda esteja inserido nela.

 Exemplos deste tipo são os suicídios que ocorreram em 1929 com a quebra da Bolsa de Valores de Nova Iorque, ou ainda aqueles que ocorreram mais recentemente no Brasil, em virtude do confisco das poupanças no plano Collor[51]. Afinal, com tais situações, muitas pessoas sentiram como se as leis sociais tivessem desaparecido, de modo que, apesar de estarem inseridas na

---
50 COUTINHO, 2010, p. 62.
51 *Ibid.* 62.

sociedade, sentiram como se a própria sociedade tivesse, de certo modo, deixado de existir.

O tipo *fatalista*, diferentemente dos dois anteriores, é fruto justamente da sensação de vínculo extremado com a sociedade, o qual é tomado como controle excessivo. Diante da coerção da sociedade — normalmente do Estado, mas também podendo ser visto pelo controle da família —, a pessoa pode pensar que a morte é sua única possibilidade de liberdade. Ou seja, apesar de a pessoa estar plenamente inserida dentro da sociedade, tal inserção é tão sufocante que é sentida por ela como uma verdadeira solidão.

É o caso, por exemplo, de boa parte do alto índice de suicídio de jovens japoneses, os quais se sentem cobrados por suas famílias e pelas responsabilidades sociais que possuem. Assim, estando sob a eterna pressão de renderem ao máximo e serem os melhores, até mesmo as atividades sociais que realizam, em vez de os ajudar, muitas vezes acabam sendo sentidas como novas cobranças debaixo das quais se encontram.

Por fim, o quarto e último tipo, o *altruísta*, é decorrente também do vínculo extremo entre o indivíduo e a sociedade, a ponto de a pessoa anular-se dentro desta. É quando há uma subordinação completa do indivíduo a fins sociais, vendo sua morte como algo socialmente útil. Um utilitarismo da vida que não é algo a ser valorizado! Sendo assim, apesar do título deste tipo ("altruísta") poder passar a ideia de que é algo bom, devemos reconhecer que não é o caso[52].

---

52 Para não haver tal confusão, vale lembrar que o suicídio, de modo geral, poder ser definido como: "Ato de colocar fim à própria vida, por razões outras que não o altruísmo ou o autossacrifício". ERICKSON,

Tal tipo de suicídio foi, por exemplo, aquele dos *kamikazes*, pilotos japoneses que lançavam seus aviões contra os seus inimigos na Segunda Guerra Mundial, entregando suas vidas em favor do Japão, que na ocasião lutava pelo Eixo, junto à Alemanha nazista. Outro exemplo são os terroristas do extremismo islâmico, que realizam o suicídio através de explosões, tornando-se "homens--bomba" por ódio religioso e vingança social[53].

Em ambos os casos, tais suicídios se tornaram úteis para os grupos representados, mas não foram nem de longe boas ações. Ou seja, em ambos os casos, apesar de serem situações claramente terríveis, sendo inclusive suicídios que provocaram a morte de outros, usa-se a designação "altruísta" para se identificar o tipo de suicídio entre os quatro que Durkheim indicou, mas que não deve ser confundido, como se fosse algo bom.

O suicídio de Getúlio Vargas, por exemplo, pode ser pensado como sendo do tipo altruísta, uma vez que, em sua carta de despedida, ele teria indicado que morreria para o próprio povo: "Eu vos dei a minha vida. Agora ofereço a minha morte. Nada receio. Dou o primeiro passo a caminho da eternidade e saio da vida para entrar a História"[54]. Mas e quanto ao desejo de suicídio de Moisés, de que tipo seria?

No caso de Moisés, apesar de ele não ter efetivado sua possível intenção suicida, podemos ver a presença

---

Millard J. *Dicionário popular de teologia*. Trad. Emirson Justino. 1 ed. rev. São Paulo: Mundo Cristão, 2011, p. 185. Sendo assim, um "suicídio" que fosse verdadeiramente altruísta não seria suicídio, mas martírio, e o suicídio "altruísta", portanto, somente existe como conceito nos tipos apresentados por Durkheim.

53 COUTINHO, 2010, p. 63.

54 DAPIEVE, Arthur. *Morreu na contramão — O suicídio como notícia*. Rio de Janeiro: Jorge Zahar, 2007, p. 102.

de um desejo de suicídio dos tipos fatalista e anômico. Fatalista porque apesar de Moisés ser o líder do povo de Israel, a estrutura social, dentro da qual estava completamente inserido, se apresentava a ele como cobranças sem fim: sua relação com o povo não é mais sentida como uma intimidade ou um relacionamento, mas como um verdadeiro "*peso*" (Nm 11.11).

Por isso, logo antes de pedir a morte, Moisés declara: "Sozinho, não sou capaz de carregar todo este povo! O peso é grande demais!" (Nm 11.14). Deixa claro, portanto, que é a própria relação social que tem com o povo que lhe causa o sentimento de solidão, de modo que, mesmo ouvindo "todas as famílias reclamando à entrada de suas tendas" (Nm 11.10), Moisés se sente sozinho. É a solidão em meio à inserção e cobrança social extrema própria do tipo fatalista.

Mas também podemos identificar aspectos do tipo anômico na justificativa que Moisés dá a Deus após seu pedido de morte: "Se é assim que pretendes me tratar, mata-me de uma vez; para mim seria um favor, *pois eu não veria esta calamidade*" (Nm 11.15). Há, aqui, um grande medo de Moisés de ver o fim daquela sociedade que ele construiu com Deus, o medo daquele povo, que Deus resgatou do Egito, entrar em colapso e Moisés ter que ver seu "mundo" ruindo à sua frente na "*calamidade*" que se instauraria.

Neste sentido, pode-se pensar naqueles que se suicidaram em 1929 em decorrência da quebra da bolsa. Muitos o fizeram logo após perceberem que se tornaram pobres, da noite para o dia. Antes mesmo de verem seu mundo ruir, estando já sem esperança, e não desejando encarar o destino que se aproximava, buscaram na morte uma espécie de fuga. Assim, antes que ocorressem de fato os efeitos da falência — as fábricas fechassem, fossem expropriados de seus bens etc. —, muitos já haviam desistido, morrendo para não passarem por tais experiências, como se esta quebra da realidade na qual viviam fosse pior do que a morte.

Moisés parece ter tido o mesmo sentimento. Por isso, em vez de "*esta calamidade*" (Nm 11.15), a tradução Almeida Revista e Atualizada traz: "e não me deixes ver a *minha miséria*". E, de modo semelhante, a Nova Versão Internacional coloca na boca de Moisés as seguintes palavras: "não me deixes ver a *minha própria ruína*".

Tal como os banqueiros e empresários que se suicidaram em 1929 para não verem sua própria ruína, Moisés teria desejado a morte para não ter que ver sua "*ruína*" (NVI). Pede a morte, portanto, quando sentiu que perdia o controle do povo, com medo de acabar falhando em seu objetivo de levá-los à Terra Prometida, que resultaria no pior que poderia imaginar: ver seu sonho para o povo se desfazer à sua frente. Este era o seu grande medo. E a morte, assim, foi vista como uma escapatória desse destino trágico que parecia estar sendo traçado, e que dava a impressão de estar cada vez mais próximo.

MOISÉS E OS SETENTA: A PREVENÇÃO AO SUICÍDIO

Mais importante do que vermos o pedido de socorro de Moisés, ou mesmo seu grande medo de ter seu sonho frustrado, é vermos a atuação de Deus no cuidado do Seu servo, por meio de algo prático: a escolha de setenta pessoas para o apoiarem. Uma solução simples para o problema que Moisés apresentava, mas que ele mesmo não havia pensado como possibilidade — a delegação de funções para que o peso da tarefa não caísse somente sobre ele.

Porém, por mais simples que a solução tenha sido, a ação divina foi particularmente especial e instrutiva. E somente poderemos compreender isso, e ver a importância do exemplo da ação preventiva de Deus com Moisés, se entendermos que o sofrimento pelo qual Moisés passou não é tão raro quanto poderíamos pensar. São muitos os líderes que vivem presos a um apego à sua função, que não conseguem enxergar a necessidade de delegarem atividades e responsabilidades.

Em um artigo sobre suicídio de pastores e líderes, Cleydemir Santos lembra que o sentimento apresentado por Moisés é bastante comum na vida pastoral, especialmente nos dias de hoje: "Este sentimento acompanha a vida de todo pastor e de todo líder, principalmente em uma época em que tudo tem que acontecer tão rápido e os resultados têm que vir em números e estatísticas"[55].

Assim, por mais que a história de Moisés seja de milhares de anos atrás, a cada dia ela se torna uma lição mais atual, em decorrência do aumento na cobrança que os pastores sentem sobre si. Uma cobrança que é sentida como um verdadeiro peso — tal como Moisés expressou — e que, infelizmente, muitas vezes termina com o suicídio de pastores.

Contra isso é fundamental que padres, pastores e pastoras, como lembra Marcelo Perpétuo, "tenham mentores, mentoras ou supervisores, supervisoras para manter um estado de prevenção e cuidado, ajudando-os

---

55 SANTOS, Cleydemir. Suicídio de pastores e líderes: precisamos orar pelos bonzinhos. *PSICOTEO*, n. 63, Ano XXVIII, primeiro semestre de 2020, p. 50-57 [56].

nas questões pessoais e sendo companheiro e companheira"⁵⁶. Assim, deve-se ter uma rede de apoio para se "evitar o isolamento do trabalho religioso, que é prejudicial para a saúde mental"⁵⁷.

Hoje, fica cada vez mais evidente que a depressão, considerada pela OMS como sendo o "mal do século XXI", vem marcando presença na vida de pastores e líderes. Estes não somente não estão isentos deste mal, mas também estão entre os mais afetados, de modo que, como bem apontou João Rainer Buhr, "o número de pastores que sofrem de depressão" e que acabam morrendo por suicídio "tem crescido tanto no Brasil quanto nos EUA"⁵⁸. Números que aumentaram a ponto de ganharem nomes naqueles que nós — e talvez você — conhecemos.

O sofrimento dos pastores, portanto, precisa ser visto e precisa ser tratado. Já não há mais como permanecermos naquela ilusão de que os pastores são pessoas isentas de problemas, pois tal visão nunca será realidade e, se for defendida, apenas tornará os problemas dos pastores ainda mais pesados e difíceis de serem admitidos e tratados. Portanto, é fundamental que venhamos a ver a verdade nua e crua, a fim de favorecermos a prevenção contra o suicídio pastoral. Uma verdade que precisa considerar o sofrimento de pastores, superando um tabu que ainda existe nas igrejas a respeito do sofrimento pastoral⁵⁹.

---

56 PERPÉTUO, Marcelo. Do cuidado ao descuido e a síndrome de *Burnout*: por que padres, pastores e pastoras adoecem em "nome de Deus"? In: GRZYBOWSKI, Carlos "Catito". *Quando a dor se torna insuportável: reflexões sobre por que pessoas se suicidam*. São Leopoldo: Editora Sinodal, 2019, p. 75-86 [85].

57 PERPÉTUO, 2019, p. 85.

58 BUHR, João Rainer. *O sofrimento do pastor: um mal silencioso enfrentado por Paulo e por pastores até hoje*. Curitiba: Esperança, 2017, p. 26.

59 EBERT, Clarice; EBERT, Claudio Ernani. Da infalibilidade papal à in-

Mas que verdade é essa que precisamos ver e admitir? Precisamos entender que hoje "vivemos dias em que cada vez mais pessoas estão se sentindo sobrecarregadas, cobradas e cansadas"[60]. E, admitindo que tal realidade afeta também a Igreja e seus líderes, precisamos pensar em suas causas. Afinal, já não podemos mais nos iludir que a lógica competitiva do mercado está fora das igrejas, uma vez que é cada vez mais evidente que uma das razões do sofrimento pastoral é que "a lógica do mercado, com sua ótica na produtividade, adentrou nas igrejas minando boa parte da essência espiritual"[61].

É evidente que, se mesmo Moisés sentiu tal "peso", há razões que ultrapassam o tempo, as quais são causas que permanecem, de lá para cá, através dos séculos. Porém, a intensificação do sofrimento dos pastores, nos últimos anos, acompanhada pelo aumento dos casos de depressão e suicídio, nos indicam que há novos problemas que, tendo surgido recentemente, devem ser percebidos a fim de serem combatidos.

Segundo o filósofo Byung-Chul Han, a depressão na atualidade pode ser pensada a partir de uma nova causa: a "pressão de desempenho"[62]. Segundo ele, a sociedade atual já não é mais uma *sociedade disciplinar*, como era a sociedade em que o pai da psicanálise, Sigmund Freud, vivia, e que o levava a ver a angústia como decorrente de

---

falibilidade pastoral: como os modelos eclesiológicos disfuncionais podem ser promotores do suicídio de pastores e pastoras. In: GRZYBOWSKI, Carlos "Catito". *Quando a dor se torna insuportável: reflexões sobre por que pessoas se suicidam.* São Leopoldo: Editora Sinodal, 2019, p. 29-39 [30].
60 SANTOS, Adrielly Machado Araújo. Suicídio e o ministério pastoral. *Teológica*, Ano 12, n. 13, 2016, p. 89-103 [90].
61 EBERT; EBERT, 2019, p. 33.
62 HAN, 2017, p. 27.

um sentimento de culpa[63]. Hoje, a sociedade é uma *sociedade do desempenho*, no qual a depressão é resultado de uma autoexploração do indivíduo sobre si mesmo.

Diferentemente do tempo de Freud, no qual as pessoas eram cobradas externamente, hoje a cobrança é interna: cada pessoa, como seu próprio patrão, cobra cada vez mais o próprio desempenho, fazendo uma verdadeira "guerra consigo mesmo", na qual "o depressivo é o inválido dessa guerra internalizada"[64]. Ou seja, a depressão pode ser pensada, em grande medida, como o resultado da autocobrança de cada pessoa em desempenhar, ao máximo, a sua função na sociedade.

Hoje, mais do que nunca, as pessoas se comparam umas às outras e, em vez de atentarem para seus limites, admitindo-os e lidando com eles, se imaginam como plenas de potencial inalcançado. É o que Han chama de "positividade": a afirmação de um "eu-ideal" que, contraposto ao "eu real", acaba resultando em uma "autoagressividade", que muitas vezes "se agudiza e desemboca num suicídio"[65]. Ou seja, quando imaginamos que poderíamos e deveríamos ser mais do que somos, ao invés de valorizarmos quem nós somos, e desfrutarmos de nossa vida, vivemos com agressividade contra nós mesmos, numa autocobrança destrutiva e sem fim.

No caso de pastores, isso se dá de forma ainda mais forte. Afinal, em decorrência de um "mito" a respeito

---

63 FREUD, Sigmund. *O mal-estar na civilização.* Trad. Paulo César de Souza. São Paulo: Penguin Classics; Companhia das Letras, 2011, p. 82. Segundo Byung-Chul Han, "o inconsciente freudiano não é uma configuração atemporal", mas "é um produto da sociedade disciplinar repressiva, da qual nós estamos nos afastando cada vez mais". HAN, 2017, p. 80.

64 HAN, 2017, p. 29.

65 HAN, 2017, p. 100-101. Cf. também HAN, Byung-Chul. *No enxame: perspectivas do digital.* Trad. Lucas Machado. Petrópolis: Vozes, 2018, p. 88.

dos pastores, muitas vezes há uma cobrança, até mesmo inconsciente, de que os pastores sejam perfeitos, a qual é internalizada por muitos vocacionados. Assim, "diante da exigência de uma perfeição divina, em que a pessoa é pressionada a não vivenciar sua humanidade, acaba também por negar seus sentimentos de tristeza, de fracasso, bem como de seu cansaço"[66].

Ou seja, pressionados e se pressionando pela perfeição, muitos pastores tentam anular ou, pelo menos, abafar seus sentimentos, tornando-se em verdadeiras "bombas relógio" emocionais. Tornam-se, assim, reféns "do próprio *script*, não podendo apresentar principalmente adoecimentos emocionais"[67], pois não condizem com a imagem que constroem para si mesmos. Cobram, assim, cada vez mais de si mesmos, incorporando uma tendência do mundo que se torna parte do ambiente eclesiástico.

E como não se cobrar? No passado, no tempo do relógio de ponto, havia uma distinção clara entre o tempo do trabalho e o "não trabalho". Havia o espaço do trabalho — a fábrica, a loja, a igreja etc. — e o espaço do "não trabalho", que era o espaço privado. Hoje, porém, "edifícios de trabalho e salas de estar estão todos misturados", de modo que "torna-se possível haver trabalho em qualquer lugar e qualquer hora", uma vez que "laptop e smartphone formam um campo de trabalho móvel"[68], vivenciado cada vez mais após a pandemia com o *home office*.

---
66 EBERT; EBERT; 2019, p. 36.
67 OLIVEIRA, Roseli M. Kühnrich de. A sedução da morte: a potencial ameaça de suicídio entre pastores e pastoras. In: GRZYBOWSKI, Carlos "Catito". *Quando a dor se torna insuportável: reflexões sobre por que pessoas se suicidam*. São Leopoldo: Editora Sinodal, 2019, p. 57-66 [64].
68 HAN, 2017, p. 116.

Com isso, por mais que tais ferramentas pudessem ajudar para que a cobrança fosse diminuída, o que vemos é o inverso: cada vez mais, com a entrada do trabalho no espaço privado da vida, a vida é transformada em trabalho, de modo que, cada vez mais, "não temos nenhum outro tempo senão o tempo de trabalho"[69], uma vez que, com as novas tecnologias, "não podemos mais escapar do trabalho"[70], que nos acompanha aonde formos e modifica tudo que fazemos, transformando tudo em tempo de trabalho.

Até o registro dos momentos especiais (e sua publicação nas redes sociais, claro!) se torna um dever, se torna uma medida de mensuração e um espaço a se desempenhar, nos transformando em mercadoria[71] a ser comercializada na internet. Faz com que até mesmo memórias e sentimentos sejam transformadas em números — por curtidas, comentários e compartilhamentos — a fim de poder ser convertidas "na linguagem do desempenho e da eficiência"[72].

Assim, tendo o mundo todo como comparação (pois todos são colocados diante dos nossos olhos), cada pessoa acaba concorrendo consigo mesmo e, portanto, procurando superar a si mesmo, o faz até sucumbir. Esse sucumbir, hoje, muitas vezes tem um nome: *Burnout*. Trata-se de um colapso psíquico no qual o sujeito de desempenho se autodestrói ao mesmo tempo que se realiza[73] como aquele que desempenhou o máximo que podia, até se esgotar.

---

69 HAN, Byung-Chul. No enxame: perspectivas do digital. Trad. Lucas Machado. Petrópolis: Vozes, 2018.
70 HAN, 2018, p. 65.
71 HAN, 2017, p. 125.
72 HAN, 2018, p. 67.
73 HAN, 2017, p. 86.

Uma realidade que tem alcançado cada vez mais os pastores[74], cujo esgotamento se dá por não limitarem sua função pastoral a uma parte de suas vidas, as quais acabam sendo reduzidas ao pastorado. Isso chega a parecer, como lembra Wayne Cordeiro, "mais admissível" uma licença que seja resultante de um colapso do que aquela que é decorrente da sabedoria de evitá-lo. É como se fosse um dever o pastor se doar até à morte.

Contra isso, Wayne Cordeiro, que passou por uma situação de Burnout, adverte: "Eu experimentei isso. Você não precisa experimentar"[75]. Podemos, tal como Moisés, admitir nossa necessidade de ajuda, e pedirmos uma licença antes de chegarmos ao fundo do poço. Podemos não somente atuar na prevenção a um extremo, como o suicídio, mas também na prevenção àquilo que muitas vezes é o seu caminho, como o *Burnout* e a depressão. Não é necessário vivenciarmos tais situações para tomarmos decisões a fim de nos cuidarmos, podemos aprender com as experiências alheias, como a do próprio Moisés.

Quanto à depressão, que está vinculada ao *Burnout*, pode ser pensada como a tomada de consciência, ou pelo menos o sentimento de que se "está cansado, esgotado de si mesmo, de lutar consigo mesmo"[76]. E, por mais absurdo que possa parecer, ao invés de se desistir daquele desempenho que se projetava, muitos preferem desistir da própria vida. Em vez de baixarem as expectativas, e aprenderem a se contentar com o andar em passos len-

---

74 SANTOS, Valdeci. O pastor e a Síndrome de *Burnout*: uma abordagem teológico-pastoral. *Fides Reformata*, XXIII, n. 2, 2018, p. 9-24.
75 CORDEIRO, Wayne. *Andando com o tanque vazio? Encha o tanque e renove a paixão.* Trad. Emirson Justino. São Paulo: Editora Vida, 2011.
76 HAN, 2017, p. 91.

tos, com a ajuda de outros, muitos preferem negar o seu "eu real", a fim de tornarem a própria morte em uma afirmação daquele "eu ideal" que projetavam.

Sendo assim, para se enfrentar a depressão, muitas vezes se faz necessário admitirmos a necessidade de ajuda, deixando aquela imagem ideal que temos de nós mesmos de lado. Precisamos entender que a nossa vida é mais importante do que a nossa função, e que somos mais do que aquilo que fazemos. Não somos somente os números que produzimos. Precisamos tomar consciência de que "trabalhar em ritmo frenético, desprezando os cuidados básicos consigo mesmo como alimentação, sono, lazer e descanso, simplesmente por que não se dá conta de suas próprias necessidades"[77], não é algo do qual devemos nos orgulhar, mas termos vergonha a fim de mudarmos.

Do mesmo modo, precisamos entender que compartilharmos nossa carga não é um defeito ou uma fraqueza, mas um privilégio. E, no caso da função pastoral, não devemos viver numa lógica de competição, mas de cooperação, vendo a existência de outros pastores como algo bom, que permite que nem todo o peso caia sobre nós, e que possamos dividir a responsabilidade.

Tomando consciência de seus limites e entendendo que a escolha dos 70 líderes foi uma provisão divina pela qual Deus cuidou de sua vida, Moisés pôde ver a descida do Espírito de Deus sobre eles e o seu exercício de profecia como algo bom. Assim, diferentemente de Josué, que ficou preocupado que estes novos profetas tirassem o poder de Moisés, o próprio Moisés lhe disse: "Você está

---

77 OLIVEIRA, Roseli M. Kühnrich de. *Cuidando de quem cuida*. 4. ed. Joinville: Grafar, 2012, p. 65.

com ciúmes por mim? Que bom seria se todos do povo do Senhor fossem profetas e se o Senhor colocasse seu Espírito sobre todos eles!" (Nm 11.29).

Ou seja, ao invés de se afirmar como o único que era amigo de Deus, ou se irar porque outros tomavam seu espaço, Moisés entendeu que a divisão da função não somente era importante como era necessária. Ele, que estava guiando o povo há tanto tempo, precisava da ajuda de pessoas ao seu redor.

Tal como Moisés, que contou com 70 pessoas para o apoiarem, todo pastor também precisa ter pessoas em quem possa confiar e com quem possa contar. Assim como médicos precisam de médicos, pastores também precisam de pastores[78], e de bons amigos, diga-se de passagem! Pois "pessoas de confiança são imprescindíveis nas horas difíceis, diante das lutas da vida que parecem invencíveis"[79]. E, se até mesmo Jesus Cristo, ao enfrentar um momento difícil de profundo sofrimento, pediu que Seus discípulos mais próximos estivessem com Ele, quem somos nós para querermos passar por tudo sozinhos!?

Fica aqui mais um aviso: quando se fizer necessário, pastores também podem precisar de especialistas que cuidem de seu aspecto psicológico ou mesmo psiquiátrico. Afinal, ninguém está isento de poder precisar de amparo médico, mesmo no que diz respeito ao campo psiquiátrico, por mais difícil que possa ser para nós, pastores, admitirmos isso! Pois é mais importante recuperarmos nossa vida, na sua plenitude, do que mantermos uma imagem irreal idealizada sobre nós mesmos.

---

78 BUHR, 2017, p. 27.
79 SANTOS, 2016, p. 101.

MOISÉS E AITOFEL: O SUICÍDIO IMPEDIDO

O cuidado de Deus para com a vida de Moisés se torna mais claro quando vemos que a Bíblia também conta a história de alguém que, ao invés de apresentar a Deus seu sofrimento, acabou tirando sua própria vida, justamente por não ter conseguido exercer seu papel como líder: Aitofel. Ele é alguém que lembra ao leitor do destino que poderia ter sido compartilhado não apenas por Moisés, mas também por aqueles pastores que sofrem e não buscam ajuda. Afinal, Aitofel era um grande líder, era um "sábio conselheiro", "um sujeito de confiança" e "um estrategista"[80], mas veio a escolher o suicídio como caminho, ao invés de se dirigir a Deus.

O suicídio de Aitofel, como bem indicou Cleydemir Santos, pode ser pensado como egoísta, mas também como anômico — segundo as categorias de Durkheim —, uma vez que foi decorrente de seu conselho não ter sido ouvido. Ele é narrado em 2 Samuel 17.23, onde é dito que: "Quando Aitofel viu que Absalão não havia seguido seu conselho, selou seu jumento, foi para sua cidade natal, pôs seus negócios em ordem e se enforcou. Assim morreu, e foi sepultado no túmulo da família".

Não fica claro, portanto, se a morte de Aitofel se deu por ele ter sentido que era socialmente inútil, em virtude do seu conselho ter sido rejeitado — o que configuraria um suicídio egoísta —, ou se foi por ele ter previsto a tragédia que viria, sendo um suicídio anômico, como poderia ter sido o caso de Moisés.

---

80 SANTOS, 2020, p. 53.

Afinal, o fato de o rei Absalão ter preferido o conselho de Husai, em vez do conselho de Aitofel, trouxe a desgraça, uma desgraça planejada por Deus, visto que "o Senhor havia decidido frustrar o sensato conselho de Aitofel a fim de trazer desgraça sobre Absalão" (2 Sm 17.14b). Uma desgraça que Aitofel, sendo sábio e experiente, pode ter previsto, tendo preferido a morte a ver a ruína de seu rei Absalão, talvez arrependido de ter tomado o partido errado, vendo que Davi, a quem ele traiu, sairia vitorioso. Teria visto, segundo Flávio Josefo, que "agora ele era um homem perdido, pois Davi venceria e voltaria ao trono"[81].

Outra possibilidade é que Aitofel pode ter escolhido se enforcar para não ser morto como traidor. Tal enforcamento, que os judeus tomaram como resultado de uma maldição de Davi, poderia ter como objetivo, da parte de Aitofel, que sua família herdasse seus bens[82], o que não ocorreria caso ele fosse declarado como traidor antes de sua morte, motivo que levaria seus bens passarem ao rei[83].

Seja como for, há semelhanças entre Aitofel e Moisés: ambos não somente "lidavam com o destino de uma nação, e com muita gente em questão, com sua liderança em cheque"[84], mas também sentiram a rejeição de sua liderança, como se estivessem sendo deslocados e excluídos da sociedade. Sendo assim, o sentimento que fez "Moisés pedir para morrer é o mesmo que fez Aitofel se matar", como bem lembrou Cleydemir Santos[85]. E é

---

81 JOSEFO, Flávio. *História dos Hebreus*. 8 ed. Rio de Janeiro: CPAD, 2004, p. 353.
82 SHEMESH, Yael. Suicide in the Bible. *Jewish Bible Quarterly*, Vol. 37, n. 3, 2009, p. 157-168 [164].
83 KAPLAN; SCHWARTZ, 2000, p. 101.
84 SANTOS, 2020, p. 56.
85 SANTOS, 2020, p. 56.

algo que muitos líderes, ainda hoje, acabam sentindo e pensando, por causa da pressão que sofrem.

No entanto, junto à grande semelhança entre Moisés e Aitofel está a grande diferença entre os dois: a atitude de Moisés, ao pedir a morte para si, "se assemelha muito e, ao mesmo tempo, se distingue infinitamente da atitude de Aitofel"[86]. Afinal, "como Aitofel, Moisés viu a sua própria ruína e fracasso na relação com o povo"[87]. Porém, ao apresentar seu desejo de morte perante Deus, Moisés tomou uma atitude completamente diferente daquela de Aitofel, que lhe permitiu olhar para além de si mesmo e da situação na qual se encontrava.

Mesmo que tenha tido "os mesmos sentimentos de medo do fracasso"[88] que Aitofel, Moisés não se prendeu a eles, expressando-os diante de Deus e, assim, deixou seu papel como conselheiro para se tornar o aconselhado. Deste modo, Moisés foi para além de si mesmo: "não apenas ouvia as demandas para dar conselhos infalíveis; ele também falava"[89], ele não era apenas a voz de Deus para o povo, mas era também a sua própria voz quando buscava o auxílio de Deus. Ele, portanto, não apenas aconselhava, mas também buscava conselhos, começando pela ajuda d'Aquele que pode todas as coisas.

Por essa razão, ouvindo a Deus, Moisés pôde olhar para além daquele destino trágico que via à sua frente. Pôde ver a luz no fim do túnel, com a ajuda de Deus. Algo que Aitofel poderia ter feito, mas não fez. Afinal, Aitofel, vendo o problema no qual havia se metido, não conse-

---
86 SANTOS, 2020, p. 56.
87 *Ibid.* p. 56.
88 *Ibid.* p. 56.
89 *Ibid.* p. 57.

guiu olhar para além deste, não via qualquer alternativa ou possibilidade de solução. Ele, em sua visão limitada, não cogitou que haveria alguma possibilidade para além do que ele, um sábio e experiente conselheiro e estrategista, poderia imaginar.

Assim, limitado a si mesmo, Aitofel "nunca imaginou que poderia ser perdoado pelo Rei Davi"[90]. E como poderia imaginar? Sua experiência dizia que todos os traidores seriam mortos, era este o costume e havia razões para isso! Porém, "ironicamente, a primeira ação de Davi foi perdoar os traidores"[91], como Siba e Simei. E Aitofel, que não viveu para ver isso, possivelmente também teria sido perdoado. Poderia ter vivido e visto sua vida restaurada se tivesse olhado para Deus, em vez de limitado seu olhar aos seus problemas.

Porém, há ainda mais uma diferença em relação a Moisés e Aitofel: para além de ouvir a Deus, Moisés também buscou ouvir a outras pessoas, como bem destacou Cleydemir Santos: "Moisés não falava apenas com Deus. Isto é fundamental na vida do pastor e do líder, mas ao longo do percurso vemos Moisés falando e ouvindo pessoas. Inclusive a família, como o sogro"[92], como podemos ver em Êxodo 18.

Em contrapartida, apesar de não estar explícito no texto, podemos imaginar, com Cleydemir Santos, que Aitofel era alguém solitário: "Não se dirigia a ninguém, não orava com ninguém, não se submetia a ninguém. Não tinha amigos. Tinha clientes, ovelhas, aconselhandos,

---

90 SANTOS, 2020, p. 54.
91 *Ibid.* p. 54.
92 *Ibid.* p. 57.

mas era um solitário, inclusive de Deus". E, por conta disto, não percebeu que essa era a sua grande desvantagem, a sua grande fraqueza. Ele, cujas palavras sempre "pareciam sábias, como se fossem um conselho dado pelo próprio Deus" (2 Sm 16.23), não percebeu que precisava deixar de ser conselheiro para buscar conselhos.

Diferentemente dele, Moisés, que tinha tendência a se isolar, foi levado por Deus a estar próximo a outras pessoas, que lhe ajudaram como conselheiros e amigos. Ao contrário de Aitofel, portanto, Moisés não se reduziu ao seu papel de conselheiro: compreendeu que mesmo ele, que era o conselheiro de todo o povo e a voz de Deus para este, precisava de conselhos.

Moisés compreendeu que mesmo ele, que era um escolhido de Deus, precisava de outras pessoas. Compreendeu que sozinho, já não era mais capaz, que precisava de ajuda! E que, mesmo sendo amigo de Deus, precisava de outras pessoas ao seu lado. Uma consciência que todos precisamos ter, por mais fortes ou espirituais que pensemos ser. Uma consciência que todo líder e pastor, se quiser ajudar pessoas que sofrem, precisa ter: que antes de oferecermos ajuda, precisamos estar bem, e antes de ampararmos a outros, precisamos estar bem amparados com pessoas ao nosso lado!

Sendo assim, fica claro o quanto é importante que os pastores, hoje, tenham alguns cuidados, os quais foram destacados por Clarice Ebert e Claudio Ernani Ebert: que vivam a prática da "divisão das cargas com amigos e amigas que vivenciam mazelas parecidas", que se percebam "como 'ovelha' que precisa de pastoreio", e até, caso seja necessário, "buscar por uma escuta de todas essas disfuncionalidades de forma profissional e qualificada"[93]. Afinal, se até Moisés teve pessoas ao seu lado, quem somos nós para tentarmos andar sozinhos em nosso ministério?

---

[93] EBERT; EBERT, 2019, p. 38-39.

"não sou melhor"

ELIAS

ELIAS

"não sou melhor"

"Já basta, Senhor", disse ele. "Tira minha vida, pois não sou melhor que meus antepassados que já morreram."

1 Reis 19.4

Quando lemos a história de Elias, ao chegarmos no capítulo 19 de 1 Reis, vemos algumas aparentes contradições: Elias, que havia tido a coragem de "bater de frente" com o rei de Israel, Acabe, profetizando seca (1 Rs 17) e até mesmo respondendo ao rei (1 Rs 18.17-18), agora se encontra fugindo com medo. Ao mesmo tempo, Elias, que "teve medo e fugiu para salvar a vida" (1 Rs 19.3), logo em seguida acaba "pedindo para morrer" (1 Rs 19.4). Não é estranho?

É natural que, na leitura, caso a gente não conheça toda a história, ao chegar nesta parte, venhamos a nos perguntar: "Ele enfrentaria Jezabel com a mesma coragem demonstrada no capítulo anterior?"[94]. Mas não, ele não enfrentou, pelo menos não naquele momento. E isso é surpreendente quando lemos pela primeira vez! E mesmo para nós, que já conhecemos a história, é, no mínimo, estranho. Como explicar que alguém tão corajoso, que ria e zombava de seus inimigos (1 Rs 18.27), que viu milagres e o poder de Deus diante dele, teve medo e fugiu?

---

[94] COLETA, Karina A. P. G. Os profetas também temem: Análise narrativa da fuga de Elias — 1 Reis 19,1-21. *Horizonte*, Belo Horizonte, v. 11, n. 30, abr./jun. 2013, p. p. 775-799 [780].

Pode parecer que Elias tinha coragem para encarar o rei Acabe, mas tinha medo de desafiar a rainha, Jezabel. Afinal, a fuga de Elias se deu logo depois que ela prometeu que o mataria (1 Rs 19.2). Nesse sentido, muitos pregadores chegam até a falar que uma mulher pode dar mais medo do que um homem, e assim por diante. Mas isso não passa de suposições, já que o texto não fala nada disso.

O texto indica que Elias "teve medo e fugiu para salvar a vida" (1 Rs 19.3). Porém, para entendermos a razão desse medo, e, principalmente, do desejo de morte que Elias apresenta, precisamos ouvir o próprio Elias. Afinal, ninguém melhor do que ele para descrever a sua dor e o seu medo. Sentado embaixo de uma árvore, Elias orou a Deus dizendo: "'Já basta, Senhor', disse ele. 'Tira minha vida, pois não sou melhor que meus antepassados que já morreram'" (1 Rs 19.4).

Mais importante do que o medo, aqui, é a frustração que Elias sentiu. Afinal, seu medo de morrer não o impediu de pedir a morte. Seu maior medo, portanto, não era o de morrer, mas o de ser morto por seus inimigos, selando uma derrota com a qual ele sofria. Pois, talvez "ser morto pela rainha soasse como vitória do baalismo"[95], desfazendo assim todo seu trabalho em mostrar que Deus é maior que Baal. O seu medo era o de que, apesar de ter vencido seus inimigos no Monte Carmelo, Elias terminasse como derrotado.

A justificativa de seu pedido pela morte — "pois não sou melhor que meus antepassados que já morreram" —, como bem destacou Karina Coleta, "oferece indícios de expectativas frustradas", e "sugere que Elias

---
95 COLETA, 2013, p. 786.

se considerava acima da média"[96]. Ao que parece, Elias se deprimiu após um drástico choque de realidade. Após perceber que ele, que havia feito cair fogo do céu, não havia alcançado o verdadeiro prêmio que estava em jogo: o coração do povo. Ele, o grande profeta, não era assim tão grande. Afinal, por mais que tivesse vencido uma batalha no Monte Carmelo, parecia estar perdendo a guerra e agora "sentia um grande fracasso"[97].

Elias se mostra "exausto e profundamente desapontado pela derrota que se seguiu logo após seu momento de ver a vitória"[98], pois entende que seu sucesso no Carmelo era apenas na aparência. Era uma verdadeira ilusão. E, por mais que ele estivesse com a razão, tentando mostrar ao povo quem era o verdadeiro Deus, o povo de Israel permanecia do lado de Jezabel, adorando Baal.

Por isso, quando Elias explica sua frustração a Deus, duas vezes, com as mesmas palavras, vemos alguém que se sente derrotado apesar do grande esforço: após indicar que serviu a Deus com zelo, Elias diz ao Senhor que "os israelitas quebraram a aliança contigo, derrubaram teus altares e maltrataram todos os teus profetas" (1 Rs 19.10; 19.14). Assim, Elias se esquiva de seu erro — não fala que fugiu nem que teve medo —, e apenas destaca sua qualidade e dedicação, em claro contraste com a infidelidade e maldade do povo.

---

[96] COLETA, 2013, p. 786.
[97] BARNETT, John D. Elias, um crente deprimido. *Estudos Bíblicos*, Ultimato. s.d. Disponível em: <https://ultimato.com.br/sites/estudos-biblicos/assunto/vida-crista/elias-um-crente-deprimido/>. Acesso em: 31 de maio de 2021.
[98] KAPLAN; SCHWARTZ, 2000, p. 105.

ELIAS E JEZABEL: A VERDADE E OS NÚMEROS

A conclusão é, porém, o mais importante: "sou o único que restou, e agora também procuram me matar" (1 Rs 19.10; 19.14). Um exagero, evidentemente. Afinal, para além de seu servo, que ele deixou em Berseba (1 Rs 19.3), havia outros profetas de Deus que foram preservados da perseguição, como aqueles protegidos por Obadias (1 Rs 18.3 e 13). Sendo assim, fica claro que Elias, em seu desespero, não está conseguindo fazer "uma leitura objetiva da realidade"[99].

Com sua visão presa e limitada pelo desespero e frustração, Elias esquece seu valor e esquece que não está sozinho. Desmerece seu ministério e sua importância, como se estivesse dizendo: "mesmo depois de tudo que fiz, nada mudou — foi tudo à toa! Mesmo depois de tanto esforço, ninguém se convenceu, e eu não faço a menor diferença". Sendo assim, é como se estivesse morto, não fazendo nada de diferente, e não sendo mais efetivo do que os seus antepassados que já estavam mortos. Afirmando "não sou melhor" (1 Rs 19.4), Elias está dizendo "não tenho valor", e, mais ainda, "nada que eu fiz, ou faça, faz a menor diferença".

Estas ideias têm aparecido cada vez mais na mente das pessoas. Cada vez mais as pessoas não têm visto valor em si mesmas e naquilo que fazem. E a origem disto está relacionada à história de Elias: ele não somente *quantificou* seu ministério, mas também *desvalorizou* aqueles que estavam do seu lado por *supervalorizar* o lado

---

[99] COLETA, 2013, p. 787.

inimigo. Viu-se sozinho por não dar valor àqueles poucos profetas e discípulos, pois pareciam muito poucos diante daqueles que apoiavam Jezabel. Assim, generalizou, como se fosse o único fiel a Deus, e como se todo o povo estivesse, realmente, do lado de Jezabel.

Hoje, em uma sociedade na qual "tudo é tornado enumerável, a fim de poder ser convertido na linguagem do desempenho e da eficiência", como lembra Byung-Chul Han, tudo passa a ser contado. É como se "tudo que não é enumerável" simplesmente deixasse "de ser"[100], como se perdesse a importância. Ou seja, cada vez mais cria-se a ilusão de que o que realmente importa são os números, o número de seguidores, o número de *likes*, o número de inscritos, e assim por diante.

Mesmo "amigos", no Facebook, são "antes de tudo, contados"[101]. São mais um valor numérico do que, de fato, relações que nós temos. E, cada vez mais, esta nova forma de ver a realidade tem influenciado o cristianismo: há igrejas que têm modificado aquilo que pregam, conforme a adesão e aceitação do público, mudando conforme a "audiência", tal como os programas de televisão, a fim de aumentar os seus números.

No que diz respeito aos indivíduos, muitas vezes não se alcançar os números esperados gera uma frustração que pode chegar a um nível de depressão. Assim, mesmo *youtubers* de sucesso, com números gigantescos, se tornam escravos de si mesmos e criam uma dependência de um sucesso crescente, o qual nem sempre é alcançado. Superar-se e "bombar" deixam de ser oportunidades e

---
100 HAN, 2018, p. 67.
101 *Ibid.* p. 67.

se tornam necessidades. E, sendo impossível não haver altos e baixos, pode-se cair em uma "depressão do sucesso", na qual "o sujeito do desempenho depressivo mergulha e se afoga em si mesmo"[102].

Em contrapartida, muitos outros — a maioria — pode pensar que não tem valor justamente por nunca "bombar", ou seja, por não alcançar números expressivos (na medida que considera expressivos). Isso pode piorar ao vermos o aparente sucesso na internet de tantas pessoas com aquilo que não é certo, ou ainda com uma espécie de "venda" de si mesmos, que pode acabar gerando em nós um sentimento de frustração, como o de Elias em relação ao "sucesso" de Jezabel. Um sentimento que faz com que a autotransformação em "mercadoria virtual" não seja apenas cogitada, mas também se torne uma verdadeira tentação.

Afinal, a impressão que temos é a de que "hoje nós nos fazemos importantes nas redes sociais, no Facebook"[103]. Pensamos que são os números e o engajamento que nos dão valor. Por conta disso, como indicado por Byung-Chul Han, "nós produzimos informações e aceleramos a comunicação, na medida em que nos 'produzimos', nos fazemos importantes" e, assim, conforme "nós ganhamos visibilidade, expomo-nos como mercadorias"[104]. Ou seja, hoje, não somente nos expomos no Facebook, no Instagram e em tantas outras redes muito mais do que deveríamos, mas também, nestas, muitas vezes valorizamos tanto os números e nos adaptamos

---

102 HAN, Byung-Chul. *Agonia do Eros*. Trad. Enio Paulo Giachini. 2ª reimpressão. Petrópolis: Vozes, 2019a, p. 11.
103 HAN, 2017, p. 126.
104 HAN, 2017, p. 126.

tanto a estes que, no fundo, também "nos transformamos em mercadoria"[105].

No mundo virtual, todo "espaço" se torna vitrine, e toda imagem se torna propaganda. Em alguns momentos são produtos como e-books, cursos e tantas outras coisas, que são vendidos. Porém, sempre — a cada publicação, vídeo etc. — a pessoa é "vendida" como uma espécie de "mercadoria virtual", a ser oferecida àqueles que estão nas redes como "consumidores". Assim, na nossa sociedade, através das redes sociais, "cada sujeito é seu próprio objeto-propaganda"[106], e isso, muitas vezes, acaba se tornando parte da identidade da pessoa, ditando o que ela deve *falar*, *fazer* ou até mesmo *pensar*, a fim de manter e aumentar seu "público".

Hoje, infelizmente, pode-se ver que muitos acabam "se vendendo" virtualmente, defendendo determinadas ideias, e até mesmo se afastando do Evangelho a fim de se submeterem àquilo que as pessoas "compram", e aquilo que agrada. "Evangelhos" diferentes têm aparecido na internet, fazendo-nos lembrar da profecia de Paulo de que as pessoas "seguirão os próprios desejos e buscarão mestres que lhes digam apenas aquilo que agrada seus ouvidos" (2 Tm 4.3).

Afinal, com as redes sociais, cada pessoa pode buscar aquele mestre que prega um "Evangelho" recortado conforme os seus desejos. Alguém que decidiu "se vender", seguindo o exemplo de Acabe, uma vez que: "Não houve ninguém que tenha *se vendido tão completamente* para fazer o que é mau aos olhos do Senhor como Acabe,

---
[105] HAN, 2017, p. 125.
[106] HAN, 2019b, p. 31.

influenciado por sua esposa Jezabel" (1 Rs 21.25). Ou alguém que segue o exemplo de Jezabel, como influenciadora para o mal.

Ao observarmos que aquilo que é errado muitas vezes acaba fazendo mais sucesso — como Elias observou ao ver tantos adorando a Baal —, nós, cristãos, deveríamos criar uma consciência de que o número não expressa, necessariamente, o valor de algo. Não é porque Elias estava sozinho no Monte Carmelo e os profetas de Baal eram 450 (1 Rs 18.22) que Baal era o Deus verdadeiro. Da mesma forma, não é porque uma igreja cresce nas redes sociais e na internet que ela está pregando, necessariamente, a verdade. Do mesmo modo que não são poucos os *youtubers* e *influencers* que decolam espalhando *fakenews*, há também as "igrejas" que crescem justamente por pregar somente uma parte da verdade, uma parte do Evangelho.

Porém, infelizmente, nem sempre a igreja tem percebido isso, deixando-se encantar pelo brilho que os números trazem. Em função disso, há cristãos que têm acompanhado a "onda" da sociedade ao verem o número como uma nova forma de valor que, inicialmente, é considerada ao lado da qualidade, e que, depois, a substitui. O valor e a relevância das igrejas, por exemplo, passam a ser medidos por muitos pelo número de membros, ou, inclusive, da quantidade de seguidores no Instagram. E, inversamente, pode haver igrejas que, ao escolherem seus pastores, acabam sendo tentadas a olhar mais para os números nas redes sociais do que para a qualidade e a experiência.

Não é difícil notarmos que cada vez mais pastores têm investido nas redes sociais, a fim de acompanharem o movimento que estão vendo e terem relevância virtual. Porém, nem sempre o fazem por desejarem inserção nas redes, ou por quererem atuar através delas, há aquele que faz mais por sentir uma pressão de apresentar os números esperados por ser alguém que, pela sua profissão, é uma "figura pública". O resultado disso pode acabar sendo um desgaste desnecessário, na gana de se alcançar um "sucesso" imediato, que se imagina ser *necessário* e até mesmo *urgente*.

Isso pôde ser visto de modo acentuado no início da pandemia, no primeiro semestre de 2020, quando "choveram" devocionais, cultos e ministrações nas redes sociais. Por causa disso, em determinados horários mais movimentados, como por volta das oito da noite, milhares de pessoas realizavam *lives* simultaneamente, a fim de gerarem engajamento virtual, concorrendo pela atenção daqueles que estavam nas redes para "consumir". Assim, junto às *lives* de artistas, comediantes etc., havia também a oferta de eventos espirituais.

Isso mostra como a quantificação alcançou a realidade espiritual, sendo vista como um elemento para mensuração da relevância ministerial, o que não é apenas absurdo, mas também triste! Como consequência, sentindo como se a inserção virtual fosse uma necessidade urgente que pesava sobre eles, pastores que, no período de pandemia, em vez de cuidarem para não se sobrecarregar, decidiram entrar em compromissos diários de eventos e postagens nas redes sociais, somando horas e horas àquela carga horária que já teriam de passar cuidando de pessoas e fazendo as atividades ministeriais.

Mas não foram só pastores! Houve também membros de igrejas que, após anos sem ter a prática do devocional diário, decidiram começar justamente realizando devocionais com transmissão ao vivo, para um público virtual. Assim, a fim de "abençoarem outras vidas", colocaram a intimidade com Deus como algo secundário em relação àquilo que gera números. E mostraram, assim, que havia outras razões para realizarem os devocionais, para além do relacionamento e intimidade com Deus.

Quando vemos a reação de Deus a Elias, podemos perceber que Ele não somente não cobrou números do seu servo, mas também, para o acalmar, apresentou um número muito mais importante do que aquele dos seguidores de Baal, com o qual Elias estava preocupado. Deus, a fim de consolar e animar Elias, não somente se colocou diante dele, mas também lhe deu esperança, afirmando que, para além dele, havia ainda "sete mil de Israel que nunca se prostraram diante de Baal nem o beijaram" (1 Rs 19.18). Este é o número que realmente deveria importar para Elias, o número de pessoas com quem ele poderia contar.

Para cuidar de seu coração e lhe dar forças para continuar, Deus mostrou a Elias que ele não estava sozinho, havia sete mil pessoas que, como ele, eram zelosas para com Deus. Assim, Deus "mostra o exagero" de Elias ao "se considerar o único fiel remanescente"[107]. Mostra que, apesar de Elias apenas atentar à multidão dos adoradores de Baal, sua atenção deveria estar naqueles que, mesmo sendo poucos (sete mil não era um grande número diante do tamanho do povo), estavam do seu lado.

---

107 COLETE, 2013, p. 787.

Na pandemia de COVID-19, apesar de as famílias estarem praticamente obrigadas ao convívio, por causa do isolamento, muitos se afastaram de seus familiares para se aproximarem de pessoas virtualmente. Afinal, vendo o crescimento da importância das redes sociais e da internet, muitos buscaram se inserir nesta nova onda, dedicando tempo e atenção àquilo que as pessoas veriam de si.

Assim, muitos preferiram gastar tempo fazendo postagens, vídeos etc., em vez de dedicarem mais tempo às suas famílias, àqueles que estavam ao seu redor e que precisavam do seu cuidado. Pois, ao darem atenção aos seus familiares, lidavam com algumas poucas pessoas, enquanto nas redes sociais o alcance poderia chegar à casa dos milhares ou dos milhões. Por isso, em muitos lares, as pessoas próximas se tornaram distantes, e as pessoas distantes, virtualmente, entraram nos seus lares e ocuparam um espaço maior do que deveriam na vida de muitos.

Mesmo nós, autores, tivemos que dar passos para trás no que diz respeito às redes sociais, não somente para elas não prejudicarem nossas famílias, mas também para que nós não viéssemos a esquecer as nossas prioridades na vida. De nada adianta somarem-se os seguidores na internet e perdermos o vínculo com aqueles que mais importam para nós. De nada adianta multidões nos seguirem se viermos a nos sentir cada vez mais sozinhos.

Assim sendo, o "jejum" de internet e das redes sociais, hoje, pode ser a forma mais eficaz de jejum, a fim de nos afastarmos daquilo que muitas vezes ocupa o centro de nossa vida. Para alguns, isso pode ser um verdadeiro sacrifício, já que diminuir o ritmo na internet implica na diminuição do crescimento virtual e, consequentemente, do aumento nos números. E, claro, cada vez mais há aqueles que têm dependido da internet não somente para se promover, mas também para sobreviver, dificultando ainda mais que haja um distanciamento, um "jejum", ou mesmo uma pausa que seja.

ELIAS E ELISEU: FUTURO E LEGADO

Para além dos números, o abatimento de Elias parece ter se dado também porque ele pensou que sua história havia acabado, e acabado muito mal! Ele, que viu o povo se prostrando a Deus (1 Rs 18.38) e prendendo os profetas de Baal (1 Rs 18.40) no Monte Carmelo, não vendo a deposição daquela monarquia idólatra, como estava pensando que aconteceria, imaginou que tudo que ele fez resultou em nada. Pensou que sua história, marcada por tantos eventos incríveis, terminaria ali, naquela (aparente) derrota.

Ao falar com Deus, Elias viu apenas o *passado*, lembrando a Deus que os israelitas "quebraram a aliança contigo, derrubaram teus altares e mataram todos os teus profetas" (1 Rs 19.10; 19.14). Não conseguiu nem mesmo celebrar que esse mesmo povo agora tinha visto o poder de Deus. Afinal, já que o resultado não foi o que ele esperava, não havia mais nada pelo que esperar, não havia *futuro*.

Elias estava, portanto, não apenas *desesperado*, mas também *desesperançoso*. Não *esperava* mais nada para sua vida, pois não tinha mais *esperança* de que o povo mudasse, talvez até mesmo pensando: "como poderiam mudar, se nem ver fogo caindo do céu adiantou?". Ou seja, como bem apontou Hernandes Dias Lopes, um "pessimismo doentio invadiu-lhe a alma, e ele perdeu a perspectiva do futuro"[108]. Para ele, não havia, portanto, mais nada a ser feito. A tentativa já havia sido realizada, e havia alcançado fracasso.

Porém, a fim de lembrar Elias do seu valor, Deus cuidou de sua vida lhe dando novas tarefas, a fim de mostrar que sua história não acabou: mandou que ele fosse ungir Hazael como rei da Síria, Jeú como rei de Israel, e Eliseu como seu sucessor (1 Rs 19.15-16). Assim, Deus respondeu ao desespero de Elias com uma missão, não somente trazendo esperança, mas também mostrando a Elias que havia um propósito para sua vida, que havia um futuro! Ou seja, a tristeza de Elias foi respondida "pela comissão e chamado renovados de Deus"[109].

Não estava na hora de Elias deixar este mundo, pois Deus ainda tinha planos para a vida dele. E, na verdade, sua saída deste mundo nem mesmo envolveria a morte, que ele tanto estava querendo. Elias, porém, apenas olhava para o passado, não conseguindo imaginar que Deus tinha um futuro especial reservado para ele. E que futuro especial! Elias ainda veria muitos milagres, seria levado vivo para o Céu em um redemoinho (2 Rs 2.11) — não necessariamente em uma carruagem de fogo, como se costuma dizer (cf. 2 Rs 2.1) —, e seria um dos poucos a ver Jesus Cristo transfigurado, no monte, antes de Sua morte e ressurreição (Mt 17.3; Lc 9.30).

Porém, antes de tudo isso acontecer, Elias teria que olhar para o futuro com os olhos de Deus, entendendo que deveria preparar o mundo para a sua saída, deixando

---

[108] LOPES, 2007a, p. 145.
[109] WISEMAN, Donald J. *1 e 2 Reis: introdução e comentário*. São Paulo: Vida Nova, 2006 (Série Cultura Bíblica), p. 152.

aqui um legado para que sua obra tivesse continuidade. E, "quando Elias tirou os olhos de si e colocou-os em Deus e nos desafios que Este lhe propunha, ergueu-se de seu desalento e deu continuidade ao seu grandioso ministério"[110].

Assim, ungir Hazael, Jeú, e principalmente Eliseu, foi uma forma de Elias passar sua autoridade adiante, indicando quem daria sequência na sua obra de lembrar quem é o verdadeiro Deus. Afinal, Elias precisava preparar alguém, que seria Eliseu, para o substituir como profeta (1 Rs 19.16). Algo que, se fosse verdade que ele era o único profeta de Deus, como ele mesmo afirmava, seria ainda mais importante!

Deus poderia ter dado uma missão diferente para Elias, como a tarefa de pregar e converter uma multidão, por exemplo. No entanto, Deus queria lhe ensinar a importância de olhar com atenção para pessoas especiais em sua vida, entendendo que é através dessas pessoas que deixamos um legado. Elias, que havia deixado seu servo no caminho (1 Rs 19.3), não havia entendido a importância de ter alguém próximo. Assim, Eliseu não será apenas "*ajudante*" (1 Rs 19.21) de Elias, mas será também o seu maior legado.

Nosso legado não está em quantas pessoas nos conheceram, mas em como as pessoas nos conheceram, e a diferença que nossa vida fez. Hoje, porém, muitos parecem estar esquecendo disso. Preocupados com os grandes números das plataformas, que ao mesmo tempo que aproximam também afastam, muitos pastores e até professores de teologia parecem estar esquecendo da importância do cuidado individual, da "vida na vida". E, nestes tempos onde tudo — até a educação e a comunhão — estão sendo

---
[110] LOPES, 2007a, p. 145.

massificados virtualmente, cada vez se torna mais importante o contato direto, mesmo que virtual.

Afinal, ser pastor e ser professor de teologia não se reduz a apenas "despejarmos" conhecimento naqueles que ouvem nossas pregações, aulas e palestras. Ser *pastor* é um ministério, assim como para nós dois, o ser *professor*. Sendo assim, para nós, mais do que transmitir *conhecimento*, essas duas funções envolvem *relacionamento*. Algo que se torna cada vez menos efetivo e mais difícil conforme os *números* aumentam, indicando que, apesar de ser *possível* aulas e cultos nas redes sociais, nem sempre estes serão *efetivos*.

Nem sempre o estudo poderá ser apenas por aulas virtuais, necessitando de meios de contato, interação e, inclusive, de relação, tanto entre os alunos como entre estes e os professores. E, do mesmo modo, nem sempre uma igreja conseguirá manter sua comunhão apenas por cultos on-line, caso estes não sejam acompanhados por contatos mais diretos, mesmo virtuais.

E, do mesmo modo que ser professor e ser pastor não se reduz a "despejar" conhecimento, por meio de aulas e pregações, ser *aluno* também não é apenas ouvir e entender o que é dito. Ser aluno de teologia, principalmente, envolve não somente uma *capacidade de compreensão*, mas uma *disposição de transformação*. Afinal, diferentemente de outras áreas do saber, que ensinam conhecimento *para ser aplicado na vida*, a teologia ensina conhecimento *para transformar vidas*. Isso envolve não apenas conhecimento, mas também o exemplo.

No caso de Elias, seu exemplo foi deixado de forma especial a Eliseu, seu discípulo. No relato de 2 Reis 2, lemos que Eliseu seguiu a Elias, mesmo quando este não queria, acompanhando-o até o fim. Não aceitou ser deixado pelo caminho, como aquele outro servo. Seu grande desejo, como bom discípulo, era substituir e superar seu mestre, pedindo que recebesse "porção dobrada" do espírito de Elias e se tornasse "seu sucessor" (2 Rs 2.9), buscando estar com este para aprender.

É simbólico que, ao Elias subir ao Céu, a primeira ação de Eliseu, como seu sucessor, foi imitar aquilo que havia visto Elias fazer: pouco antes de subir, Elias tinha batido com seu manto nas águas do Jordão para atravessá-lo (2 Rs 2.8). Agora, com o manto de Elias, que havia caído, Eliseu imitava seu mestre: "Bateu nas águas com o manto e gritou: 'Onde está o Senhor, Deus de Elias?'" (2 Rs 2.14).

Um texto curioso, que nos faz imaginar que talvez Eliseu não soubesse muito bem o que fazia, imitando seu mestre para "testar" se havia realmente recebido seu espírito, ficando claro que sim (cf. 2 Rs 2.15)! Mas o mais curioso é a forma com que Eliseu chama a Deus: "o Senhor, Deus de Elias". Em seu ministério, no qual Eliseu virá inúmeros milagres, Deus será *"o Senhor"*. Aqui, porém, Deus é o *"Deus de Elias"*. O Deus de seu mestre, que ao longo da jornada lhe ensinou tanto, e que agora ele veria na prática, em seu próprio ministério.

ELIAS E O ANJO: AMPARO E ESPERANÇA

O ministério de Eliseu só foi possível porque Elias não tirou Sua vida, e foi consolado e amparado por Deus, através de Seu anjo. Talvez o anjo que deu alimento a Elias, ao se referir à viagem que este teria "pela frente" (1 Rs 19.7), não tivesse em mente somente o caminho ao monte de Deus, mas também o seu retorno "pelo caminho por onde veio" (1 Rs 19.15), e o avanço à sua nova missão, dada por Deus. Difícil sabermos! Mas o fato é que o anjo não somente amparou Elias, oferecendo alimento, mas também o fez olhar para a frente. Fez com que ele, que estava abatido e não queria nem acordar, visse que não estava sozinho e que precisava se levantar para avançar.

Deus poderia ter enviado alimento a Elias através de corvos, como havia feito antes (cf. 1 Rs 17.1-7). Porém, Deus escolheu enviar um anjo, ao invés de corvos. Afinal, o Senhor não queria apenas oferecer alimento a Elias — com seu "*kit* de sobrevivência"[111] com alimento e água —, mas também queria enviar uma mensagem, para que soubesse que a jornada não havia terminado. Por isso foi necessário um "mensageiro", que é justamente o sentido original da palavra "anjo", tanto em hebraico (*malak*), quando em grego (*angélós*), pois, para além do amparo pelo alimento, Deus também queria oferecer esperança para Elias.

Assim como o mensageiro que carregou o aviso de Jezabel (1 Rs 19.2) levou uma mensagem de morte, o anjo, mensageiro de Deus, "oferece provisão para a vida"[112], através de alimento e uma mensagem de vida, que dá esperança. Como bem lembra Karina Coleta, parece que o profeta Elias queria dormir o sono da morte, mas o anjo lhe diz: "levante-se". Talvez, como o Werther da obra de Goethe, Elias tenha deitado na cama "com o desejo"

---

111 KURZAWA, Kitty. Elias — entendendo o suicídio a partir das Escrituras. In: GRZYBOWSKI, Carlos "Catito". *Quando a dor se torna insuportável: reflexões sobre por que pessoas se suicidam.* São Leopoldo: Editora Sinodal, 2019, p. 7-12 [11].
112 COLETA, 2013, p. 784.

de "não tornar a acordar"[113]. Do mesmo modo, é possível que Elias quisesse definhar até a morte, morrendo de fome, mas o anjo lhe disse: "coma!"[114].

A impressão que temos é a de que, como destacou Donald J. Wiseman, "Elias apresentou sintomas" de *depressão*, como o *desejo de morte*, mas também aquelas características de *tristeza profunda*, "associadas à *perda de apetite*, *falta de controle*, e *excessiva autopiedade*"[115]. Todos estes são sintomas de depressão, os quais servem para ficarmos atentos em relação ao que pode estar acontecendo conosco ou com pessoas ao nosso redor.

No caso da excessiva autopiedade, Elias a demonstrou ao afirmar, exageradamente, que era o único que não se corrompera. Ele se via como o mais infeliz dos homens, como Werther: "Tenho de suportar tanto! Ah, terá havido antes de mim homem tão miserável?"[116]. É natural que quem sofre de depressão pense que é o único no mundo a passar aquele sofrimento pois, para a pessoa, sua dor na alma é a maior possível.

Outro sintoma de depressão que Elias demonstrou foi o *dormir em excesso*, o qual em algumas pessoas se manifesta em seu oposto, a *insônia*. Muitas pessoas com depressão ficam como Elias: deitadas, apáticas, sem o menor desejo de se levantarem. Como Goethe descreveu em sua obra *Werther*, o personagem, entrando em uma depressão, passou a ter dificuldades em acordar: "À noite, decido que vou gozar o nascer do sol no dia seguinte, mas não consigo levantar da cama. De dia espero ficar alegre com o luar,

---

113 GOETHE, 2001, p. 128.
114 COLETA, 2013, p. 790.
115 WISEMAN, 2006, p. 151, grifo nosso.
116 GOETHE, 2001, p. 133.

mas à noite fico trancado em meu quarto. Já não sei mais por que levanto, já não sei mais por que vou dormir"[117].

Porém, há ainda outros sintomas da depressão que incluem a *perda de interesse* nas atividades de que se gosta, um dos sintomas mais comuns[118]. No *Werther*, o personagem principal, um intelectual apaixonado por livros, manifesta sua depressão ao declarar: "Não tenho nenhuma ideia, nenhuma sensibilidade pelas coisas e os livros me causam tédio. Quando faltamos a nós mesmos, tudo nos falta"[119]. Sentindo-se vazio, não via mais graça naquilo de que mais gostava: ler e pensar.

Outro sintoma também pode ser o *choro excessivo*, mas cabe lembrarmos que nem sempre quem é depressivo vai estar chorando o tempo todo, podendo inclusive experimentar uma *apatia* que o impede de chorar, como aquela descrita por Goethe: "Muitas vezes me prostei ao chão implorando lágrimas a Deus, como um lavrador clama por chuva [...] Mas, ah, sinto-o, Deus não concede a chuva e o sol às nossas importunas súplicas"[120]. Não chorar pode, inclusive, ser mais preocupante do que chorar demais.

Mesmo a desesperança pode ser considerada um sintoma da depressão[121] (cujos sintomas vão para além dos indicados), de modo que oferecer esperança se faz fundamental no seu tratamento. Para além dos sinto-

---

117 GOETHE, 2001, p. 99.
118 World Health Organization (WHO). *mhGAP Intervention Guide for mental, neurological and substance use disorders in non-specialized health settings*. Mental Health Gap Action Programme. Version 2.0. Geneva: WHO, 2016, p. 21.
119 GOETHE, 2001, p. 81.
120 GOETHE, 2001, p. 129.
121 World Health Organization (WHO). *Group Interpersonal Therapy (IPT) for depression*. New York: Columbia University, 2016 (Series on Low-Intensity Psychological Interventions — 3), p. 7.

mas, a depressão também tem etapas, se desenvolvendo e se aprofundando ao longo do tempo, caso não seja tratada. Assim, a depressão pode se aprofundar principalmente quando uma pessoa está sozinha, não somente por não perceber que precisa de ajuda, mas também pelo efeito do isolamento.

No caso de Elias, estando sozinho no deserto, sob o sol quente, o que começava a aumentar no seu interior se aprofundou rapidamente. Do mesmo modo, com a pandemia, muitos casos de depressão se aprofundaram, enquanto outras pessoas acabaram desenvolvendo a doença em função das mudanças drásticas e repentinas, necessitando de cuidados e terapia.

Afinal, nessa pandemia, devido ao isolamento social, não foram poucas as pessoas que se sentiram completamente sozinhas, como Elias. Para muitos, as suas casas, onde passaram esse tempo de isolamento, pareceram um verdadeiro deserto, onde, para além da solidão, se sentiram sem esperança. E a Igreja, como mensageira de Deus, assim como o anjo, precisou usar a criatividade para atuar no conforto, consolo e para oferecer esperança a estes, a fim de lembrar-lhes de que não estão sozinhos, e que há um caminho pela frente.

Na igreja de um de nós dois, a juventude, que a cada ano fazia uma festa para cada um convidar amigos, inovou: em vez de levar os amigos à igreja, cada jovem pôde enviar uma pizza para seu amigo, a fim de se fazer lembrado e, claro, matar a fome. Motivados por essa ideia, houve aqueles que enviaram aquilo que chamaram de "kit Netflix" — um pacote com pipoca, Coca-Cola, salgadinho etc. —, para a casa de amigos, a fim de mostrarem amor. E outros, sabendo que seus amigos estavam isolados por conta da COVID, entregaram (observando todos os cuidados) almoço pronto para alguns, os quais devolveram os potes que continham a comida, semanas depois, com um delicioso yakissoba como presente.

Na nossa convenção estadual, a Convenção Batista Paranaense, também pudemos ver o amparo e a esperança quando uma das associações se organizou para que os pastores em melhores condições financeiras pudessem, anonimamente, ajudar a pastores que passavam por dificuldades na pandemia. Assim, enquanto os pastores incentivavam e organizavam suas igrejas a fim de auxiliarem pessoas, comunidades carentes e projetos, a Convenção percebeu que muitas vezes quem ajuda também precisa de ajuda, olhando com amor para estes pastores que precisavam de cuidado e auxílio. Um projeto que abençoou muitos pastores e que, certamente, frutificará, como o auxílio de Deus a Elias, que frutificou até mesmo no ministério de Eliseu.

Um dos efeitos da pandemia na cidade de Curitiba, onde moramos, foi que muitas pessoas passaram a pedir comida nos semáforos. Já existiam os pedintes usuais, na sua maioria moradores de rua; agora, junto a estes se somaram pessoas que ainda carregam, em sua imagem, a situação anterior à pandemia, com roupas boas e boa aparência. Pessoas com as quais os motoristas, em seus carros, se viram "como em um espelho", como um aluno nosso descreveu.

Diante destes novos pedintes, muitos se reconheceram, entendendo algo que já deveriam saber: que *não são melhores* do que aqueles que pedem alimento nas ruas — apenas estão em uma situação diferente de vida. Afinal, os moradores de rua, por exemplo, na verdade são pessoas "em situação de rua" — como é correto denominá-los. Não são pessoas que pertencem às ruas (pois ninguém pertence à rua!), mas são pessoas que estão nessa situação, tendo cada um a sua história, e necessitando, para além do amparo, de ajuda para ressuscitarem a esperança de mudarem de vida.

Assim, com a pandemia, muitos têm "acordado" para a responsabilidade da Igreja em oferecer amparo e esperança àqueles que sofrem. E, entendendo isso, muitos têm descoberto que a Igreja já tem feito a diferença com projetos que buscam oferecer esse duplo cuidado, como o projeto Cristolândia, que há alguns anos chegou à cidade de Curitiba. Projetos que se tornaram ainda mais importantes na pandemia, quando o desespero e a esperança se espalharam, levando muitos às drogas.

Todavia, se fazem necessários também projetos que busquem olhar aqueles que desejam a morte com este duplo cuidado, oferecendo não somente o amparo (seja psicológico ou psiquiátrico) que muitas vezes é necessário, mas também o cuidado espiritual, para que a esperança seja resgatada. Uma necessidade que vemos quando consideramos a prevenção ao suicídio relacionada à história de Elias. Porém, a história de Elias também nos oferece outras três lições importantes.

A primeira lição é a de que ninguém está isento de se deprimir e até mesmo de desejar a morte. Mesmo Elias, o grande profeta — aquele cujo nome simbolizou a própria função profética, que viu o poder sobrenatural de Deus, e que foi levado por Deus sem ver a morte —, abateu-se a ponto de desejar morrer.

Mesmo ele, como bem lembrou a reverenda Fabiana de Oliveira, "cansou-se, frustrou-se e sentiu dor na alma, a solidão do caminho"[122]. Afinal, ele, assim como nós, era apenas um ser humano como nós, conforme lembra Tiago (5.17), ou como poderíamos dizer, alterando as palavras de Elias, "não era melhor do que ninguém".

A segunda lição que a história de Elias nos ensina é a de que, quando estamos abatidos, podemos acabar esquecendo que não estamos sozinhos. Elias, que se dizia "o único que resta dos profetas do Senhor" (1 Rs 18.22), o "único que restou" (1 Rs 19.10) em Israel sem se corromper, na verdade não estava sozinho. Ele apenas não via. Ele não conseguia ver. Da mesma forma, muitos de nós se sentem sozinhos quando não estão. Sentimo-nos como se não tivéssemos ninguém, por esquecermos as pessoas que Deus colocou em nossa vida.

E a terceira e última lição da história de Elias é a de que, quando estamos abatidos, não somente podemos esquecer que não estamos sozinhos, mas também podemos esquecer o nosso valor. Comparando-nos a outros, acabamos pensando algo como "não sou melhor do que ele" ou "não sou melhor do que ela", quando na verdade a vontade de Deus é que, em vez de nos compararmos a outros, venhamos a entender o nosso próprio valor para Ele. Nosso valor não está em *sermos melhores que os outros*, mas em *sermos amados por Deus*. Precisamos olhar para nós mesmos, entendendo que temos valor para Deus, e que Ele tem planos para nós.

---

[122] OLIVEIRA, Fabiana de. Vamos sair da caverna? *Pastoral Universitária*, Universidade Metodista de São Paulo. Disponível em: <http://portal.metodista.br/pastoral/reflexoes-da-pastoral/vamos-sair-da-caverna>. Acesso em: 31 de maio de 2021.

Elias pensou que não tinha valor porque achou que sua história havia acabado, e que havia terminado com uma derrota, ainda por cima! Pensou que sua jornada havia chegado ao fim da pior maneira. Porém o anjo de Deus acordou Elias para que se fortalecesse para uma viagem que ele ainda tinha pela frente (1 Rs 19.7). Seria essa viagem indicada pelo anjo a viagem para o monte? Ou será que se referia àquela viagem que sabia que Deus direcionaria até o deserto de Damasco? Ou estaria se referindo à jornada espiritual de Elias, a fim de se reencontrar? Não há como sabermos.

Seja como for, a jornada ainda não havia acabado, e Elias ainda teria muito chão pela frente! E, do mesmo modo, também nós, devemos "reconsiderar o chamado de Deus e a nossa missão"[123], a fim de lembrarmos que Deus tem planos para nossa vida. Afinal, se Elias ainda estava vivo, é porque Deus tinha um propósito para sua vida. Da mesma forma, se você que está lendo este livro, você está vivo, é porque Deus tem um propósito para sua vida. Sua jornada não terminou! Levante-se, coma e se prepare, pois há um longo caminho pela frente!

Por fim, cabe lembrarmos que Elias pensou que seu valor estava nos resultados, nos números. Achou que era isso que importava. Porém, Deus deu uma nova tarefa para Elias, a fim de fazê-lo compreender que há coisas mais importantes. Sete mil não se contaminaram, para além de Elias, mas mais importante que isso era a missão que Deus tinha para Elias, a missão de *deixar seu legado*.

Afinal, ao pedir a morte, Elias pensava em deixar este mundo. Porém, havia se esquecido de que antes de deixar essa vida deveria deixar aqui o seu legado. Hazael,

---

123 WISEMAN, 2006, p. 151.

Jeú, e principalmente Eliseu, são símbolos do legado de Elias. São aqueles que ele ungiu, passando sua autoridade para a frente. São aqueles que levariam não somente seu nome adiante, mas também o nome do seu Deus, o "Deus de Elias" (2 Rs 2.14), como Eliseu o chamou.

E Elias, que não era melhor do que ninguém, sendo apenas um ser humano, ao invés de morrer, pôde entender, pela experiência que teve com Deus naquele monte, que sua vida tinha um propósito. Com a ajuda de Deus, ele conseguiu deixar de olhar para o passado, entendendo que ele tinha um futuro pela frente. E, mesmo não sendo melhor do que ninguém, mas um pecador, foi liberto por Deus da morte, foi elevado ao Céu e, inclusive, teve a oportunidade de estar com Jesus Cristo em outro monte. Assim, pôde experimentar e ver coisas que nem imaginava, pois não se deixou levar pelo desejo da morte, mas confiou em Deus.

Quanto a Deus, Ele nos deixou, como bem demonstrou Kitty Kurzawa, um modelo para um processo de cuidado daquele que deseja a morte: *receber os sentimentos e ideações suicidas*; *promover atendimento e acolhimento*; *direcionamento para o que a pessoa é chamada*; e *redirecionamento para a pessoa desempenhar em novas instâncias e novas vivências*[124]. Deus cuidou de Elias em um passo a passo: "tratou Elias em processos, com etapas bem definidas, embasado naquilo que Elias poderia fazer em cada momento"[125]. Assim, mostrou-nos não somente que o sofrimento alheio exige nossa atenção, mas também que o seu tratamento demanda ajuda dentro de um processo, que deve ser pensado com paciência e amor.

---

124 KURZAWA, 2019, p. 11-12.
125 *Ibid.*, p. 11.

"melhor morrer que sofrer assim"

JÓ

JÓ

"melhor morrer que sofrer assim"

> Preferiria ser estrangulado; melhor morrer que sofrer assim. Odeio minha vida e não quero continuar a viver; deixa-me em paz, pois meus dias passam como um sopro.
>
> Jó 7.15-16

O livro de Jó é uma verdadeira contradição: é um dos livros bíblicos mais conhecidos e, ao mesmo tempo, um dos menos conhecidos pelos cristãos. Afinal, são muitas as pregações sobre Jó, do mesmo modo que muitas passagens de Jó são bastante conhecidas, como Jó 42.5: "Antes, eu só te conhecia de ouvir falar; agora, eu te vi com meus próprios olhos". Porém, ao mesmo tempo, são poucos aqueles que leram o livro completo, a fim de compreendê-lo.

E essa contradição é um símbolo do próprio livro, que não somente traz contradições entre o que Jó e seus amigos falam, mas também nas próprias palavras de Jó. Algo que, não sendo bem entendido por muitos, leva a equívocos como o uso das palavras dos amigos de Jó como "palavra de Deus", por exemplo — algo que já vimos no mural de uma igreja, inclusive! — ou o equívoco de pensarmos que o desejo de Jó pela morte não é algo ruim. Afinal, em Jó 19.25-27, lemos:

> Quanto a mim, sei que meu Redentor vive e que um dia, por fim, ele se levantará sobre a terra. E, depois que

meu corpo tiver se decomposto, ainda assim, em meu corpo, verei a Deus! Eu o verei por mim mesmo, sim, o verei com meus próprios olhos; meu coração muito anseia por esse dia! (Jó 19.25-27)

Lendo este texto e aqueles nos quais Jó declara seu desejo de morrer, poderíamos erroneamente pensar que seu desejo é válido e bom, já que, no fundo, Jó deseja ver a Deus. Acontece, porém, que o desejo de morte de Jó "não é resultado de uma expectativa sobre a vida após a morte, mas de um querer que certo sofrimento tenha fim"[126]. Ou seja, o desejo de morte de Jó não é como aquele de Paulo que quer "partir e estar com Cristo" (Fp 1.23), porém é um desejo de fim da vida.

Ao contrário de Paulo, Jó "pede a Deus pela morte, não como expectativa em encontrar-se com seu Deus, mas como resultado da situação miserável em que se encontrava, após perder sua família, seus bens, e até mesmo sua saúde"[127]. Sua declaração a respeito do Redentor esperado, portanto, não diz respeito ao seu desejo de morte, mas é uma expressão de esperança em meio ao sofrimento, para além da morte.

Esse erro interpretativo é compreensível. Afinal, como cristãos, tendo uma esperança que vai para além da morte, não temos mais a morte como um problema, mas como uma passagem à nossa verdadeira vida. Deste modo, tal como Paulo bem disse, "o viver é Cristo e o morrer é lucro" (Fp 1.21). Porém, o desejo pela morte não é a mesma coisa que o desejo pela vida após a morte. Desejarmos viver com Cristo é totalmente diferente de desejarmos morrer, mesmo que a morte seja o momento desta realização.

---
[126] RUPPENTHAL NETO, 2020, p. 165.
[127] *Ibid.* p. 165-166.

Esta confusão às vezes é feita em relação ao próprio Deus, como se Deus desejasse a morte das pessoas. Nesta visão, a tradução Almeida Revista e Atualizada (ARA), traduz o texto de Salmos 116.15 como: "*preciosa* é aos olhos do Senhor a *morte* dos seus santos". Porém, uma tradução mais correta seria a de que é "*custosa* aos olhos de Javé a *morte* de seus fiéis" (NBP). Ou, mudando-se as palavras para se manter o sentido: "a *vida* dos seus seguidores é *preciosa* aos olhos do Senhor" (AS21)[128].

Afinal, Deus não se alegra com a morte de ninguém, tendo a vida eterna como plano para o ser humano, e desejando que todos se arrependam e alcancem a vida eterna: "Porque não tenho prazer na morte de ninguém, diz o Senhor Deus. Portanto, convertei-vos e vivei" (Ez 18.32, ARA). A vida, portanto, é melhor do que a morte. E a morte só existe por conta do pecado do ser humano (Rm 6.23), sendo necessário que Deus, por meio de Jesus Cristo, pela Sua morte, vencesse a própria morte (1 Co 15.54-57).

JÓ E SEUS AMIGOS: A EMPATIA NO LUTO

O desejo pela morte, por parte de Jó, não é fruto de sua esperança em Deus, mas é decorrente de seu sofrimento profundo em virtude de suas perdas. Afinal, ele, que tinha tanto — família, saúde e bens — perdeu tudo de uma hora para a outra. E, assim, "Jó conheceu a dor

---

[128] RUPPENTHAL NETO, 2020, p. 165. Sobre a tradução deste texto, cf. GUSSO, Antônio Renato. A posição divina a respeito da morte dos seus fiéis: o problema da interpretação e tradução do Salmo 116.15. In: GUSSO, Antônio Renato; KUNZ, Claiton André. (Org.). *Nas entrelinhas do texto bíblico: exercícios de leitura e interpretação*. Curitiba: FABAPAR, 2016, p. 9-22.

profunda, o vale da aflição, o desejo da morte"[129].

Hoje, muitas pessoas estão sofrendo profundamente por causa de perdas terríveis e irreparáveis, à semelhança de Jó: pessoas que perderam sua saúde, sofrendo com doenças crônicas; pessoas que perderam um emprego, e não sabem mais o que vão fazer da vida; ou ainda pessoas que, tal como Jó, perderam "um familiar e sentem como se lhes tivessem arrancado um pedaço de seus próprios corpos"[130].

A dor do luto é algo terrível, pois deixa naqueles que ficam uma marca a qual sentimos como se fosse uma ferida incurável. No caso da perda de um filho, não conseguimos nem imaginar o quão forte esta dor pode se tornar, a não ser quem já passou por isso. E Jó sentiu essa dor na pele como ninguém: ele, que se preocupava dia e noite com seus filhos (cf. Jó 1.5), como um pai amoroso e dedicado, perdeu os dez — sete filhos e três filhas — em um só dia.

A dor de Jó foi vista por seus amigos, os quais foram até ele a fim de "consolá-lo e animá-lo" (Jó 2.11). Diante de um homem com tamanho sofrimento, os amigos de Jó se compadeceram, sofrendo junto com ele: "Choraram alto, rasgaram seus mantos e jogaram terra ao ar, sobre a cabeça" (Jó 2.12).

Viram que não poderiam fazer nada mais do que estar junto com Jó, compartilhando sua dor. Por isso "sentaram-se no chão com ele durante sete dias e sete noites", de modo que, durante esse tempo, eles "não disseram nada, pois viram que o sofrimento de Jó era grande demais" (Jó 2.13). Muitas vezes isto é o melhor

---
129 PORTE JR., Wilson. *Depressão e graça: o cuidado de Deus diante do sofrimento de seus servos*. São José dos Campos: Fiel, 2016, p. 97.
130 *Ibid.*, 2016, p. 94.

que podemos fazer em um momento de luto: estar junto com aquele que sofre. Muitas vezes a presença basta, e as palavras devem ser evitadas.

Em sua experiência pela perda de sua esposa, C. S. Lewis afirmou que o luto que vivia era como o medo, ele não estava com medo, mas a sensação era a mesma. Aquela sensação de apreensão, que tira a pessoa da realidade, e que a impede, por exemplo, de "assimilar o que qualquer pessoa diz"[131]. Mesmo assim, ele manteve o desejo de que outros estivessem ao seu redor. Um desejo que indica uma necessidade latente naquele que precisa da presença de outros para dirimir (mesmo que seja impossível de forma completa) a dor pela falta de alguém.

Mesmo C. S. Lewis, considerado como um grande apologeta do século XX, sentiu-se sozinho e desamparado, e viu-se em seu luto perguntando: "onde está Deus?". Segundo ele, este foi um sintoma do luto: um sentimento de que, ao voltar-se para Deus no momento de maior sofrimento, o que recebia da parte d'Ele era "uma porta fechada na sua cara"[132].

Da mesma forma Jó, em seu processo de luto, questionou a Deus e se sentiu ignorado por Ele. Um questionamento quase natural daquele que sofre a dor do luto, como fruto de uma impulsividade quase incontrolável, como lembra o próprio Jó: "Se fosse possível pesar minha aflição e pôr numa balança meu sofrimento, pesariam mais que toda a areia do mar; por isso falei de modo impulsivo" (Jó 6.2-3).

Assim, pode-se entender que o desejo pela morte, por parte de Jó, era um sentimento expresso com sinceridade, e

---

[131] LEWIS, C. S. *A anatomia de uma dor: um luto em observação*. São Paulo: Editora Vida, 2006, p. 29.
[132] *Ibid*. p. 31.

não com exagero. Era um sentimento resultante do desespero decorrente do luto, cuja dor pela morte faz aquele que sofre desejá-la: "Quem dera meu pedido fosse atendido, e Deus concedesse meu desejo. Quem dera ele me esmagasse, estendesse a mão e acabasse comigo" (Jó 6.8-9).

Porém, um desejo, por mais natural que seja, não deve ser assumido como autoridade máxima na nossa vida. Como bem lembra Albert N. Martin, escrevendo sobre o luto a partir de sua experiência de perda de sua esposa, Marilyn: "Deus não criou nossas emoções para que tenham autoridade final sobre nós"[133]. Nossos sentimentos fazem parte de nós, mas somos nós que decidiremos o que faremos com eles. Uma dor provocada pelo luto pode ser assumida como uma razão para o desespero. Mas também pode ser transformada em um sofrimento para a glória de Deus, servindo inclusive como forma de ajuda a outros que sofrem.

Pode-se ver tal transformação na corajosa decisão de Albert N. Martin em escrever seu livro *Luto, esperança e consolo*. Assim como também se pode ver tal transformação na igreja de um de nós dois, a Igreja Batista Lindóia, através do projeto *Refúgio*: um projeto que oferece um espaço onde aqueles que estão sofrendo pela dor do luto podem não somente expressar sua dor, mas também amparar uns aos outros, com o apoio da igreja e de uma psicóloga voluntária.

Esse amparo mútuo é particularmente importante no caso dos "sobreviventes do suicídio", ou seja, daqueles que são afetados diretamente pelo suicídio de alguém

---

133 MARTIN, Albert N. *Luto, esperança e consolo: quando um ente querido morre em Cristo*. São Paulo: Vida Nova, 2013, p. 29.

e vivem a dor do luto por essa perda. Tais pessoas não são poucas: segundo José Manoel Bertolote, "cada morte por suicídio afeta diretamente, em média, de cinco a dez pessoas, entre familiares, amigos, colegas de trabalho ou de escola e outras pessoas próximas", de modo que "cerca de quatro a oito milhões de pessoas são afetadas anualmente por suicídio"[134].

Tais pessoas sentem a dor de um luto que costuma trazer pesos e cobranças diferentes dos demais casos, muitas vezes sendo piorados por sentimentos de responsabilidade, assim como uma recorrente vergonha e o consequente isolamento. Um isolamento que normalmente envolve a divisão e afastamento familiar: se em outros tipos de morte muitas vezes há uma reaproximação familiar, na morte por suicídio o mais comum (duas vezes mais comum que em outros casos) é o afastamento, até porque a coesão familiar é quebrada muitas vezes por mútuas acusações[135]. Por isso, entre os vários livretos realizados pela OMS para indicar "quem pode fazer o quê"[136] a respeito do suicídio, encontra-se um para orientar a criação de grupos de apoio de sobreviventes do suicídio[137].

Trata-se de algo fundamental, pois serve para a transformação de uma experiência negativa em uma oportunidade de ajuda àquele que passa pelo que se passou, ao mesmo tempo que serve para um apoio mútuo

---

[134] BERTOLOTE, José Manoel. *O suicídio e sua prevenção*. São Paulo: Editora UNESP, 2012, p. 120.

[135] CÂNDIDO, Artur Mamed. *O enlutamento por suicídio: elementos de compreensão na clínica da perda*. Dissertação de Mestrado — Psicologia Clínica. Brasília: Universidade de Brasília, 2011, p. 109-110.

[136] BERTOLOTE, 2012, p. 103.

[137] World Health Organization (WHO). *Preventing Suicide: How to start a Survivors' Group*. Geneva: World Health Organization; International Association for Suicide Prevention, 2008.

nesta experiência, que costuma ser descrita e sentida como "uma dor perpétua e um questionamento torturante, infindável, para os que ficam"[138]. Assim, aqueles que sofrem podem ajudar uns aos outros a verem esperança em meio ao sofrimento.

Ajudar pessoas enlutadas, porém, também é um desafio da igreja, e esta consciência é fundamental neste contexto após a pandemia do coronavírus. Afinal, em decorrência deste vírus, muitas pessoas perderam entes queridos e tiveram seu processo de luto amputado: alguns não puderam ver o corpo para se despedir, outros nem mesmo puderam acompanhar aqueles a quem amavam em seus últimos momentos em função do isolamento nos hospitais. Tudo isso provoca feridas na alma, que precisam ser tratadas. Afinal, com estes aparentes "detalhes" (que na verdade fazem toda a diferença), o luto, que já é difícil, se torna algo ainda mais pesado e complexo e, por isso, se torna um desafio ainda mais importante para a igreja de Jesus Cristo.

Em meio a tantas pessoas em luto, é papel da igreja lembrar que Deus olha para os enlutados, e que a Bíblia tem o que oferecer a respeito do luto. Afinal, o próprio Jesus Cristo, em Seu momento de maior sofrimento, pendurado na cruz, se preocupou com a dor do luto que aqueles que o amavam passariam. Assim, em Seu momento final, Jesus se preocupou em deixar alguém para cuidar de Sua mãe, assim como alguém para estar com João, Seu amigo querido.

Por isso, da cruz, Jesus declarou a Maria, sua mãe: "Mulher, este é seu filho", referindo-se a João. E a este

---

[138] DE LEO, 2012, p. 7.

disse: "Esta é sua mãe". Assim, ambos tiveram quem os consolasse com a morte de Jesus, pois "daquele momento em diante, o discípulo a recebeu em sua casa" (João 19.26-27). Palavras de cuidado e amor, as quais marcaram a história de Jesus Cristo, que amou Seus amigos até à morte, e para além da morte.

Não foi à toa que, no final da Idade Média, uma das principais representações de Jesus tenha sido justamente a d'Ele crucificado, com Maria à Sua direita e João à Sua esquerda. E, junto a tal representação, outra bastante comum foi a da *Pietà*, apresentando Maria, Sua mãe, com o seu corpo morto no colo. Apesar de hoje muitas dessas imagens serem estranhas — pelo menos a nós, protestantes —, tiveram a sua importância histórica como representações do sofrimento na história de Cristo.

Tais imagens de sofrimento, em um contexto de morte decorrente das guerras, da fome e das doenças como a Peste Negra, serviram de espelho para os que sofriam a dor do luto. Afinal, "que consolação maior haverá para quem, sobretudo nos anos escuros das epidemias, sofria a perda de alguém praticamente quase todo dia"[139], como lembra Elena Percivaldi, do que ver o luto na história da salvação, por meio de Jesus Cristo? Talvez hoje, com a pandemia, seja novamente necessário lembrar às pessoas que Jesus Cristo conheceu o sofrimento e, em Seu momento de maior dor, se importou com a dor do luto daqueles que o veriam morto.

Porém, o luto na Bíblia vai para além de Jó, Maria e João, pois ele aparece também em outra história do

---

139 PERCIVALDI, Elena. *A vida secreta da Idade Média: fatos e curiosidades do milênio mais obscuro da história*. Petrópolis: Vozes, 2018, p. 215.

Antigo Testamento, que tem muito a ensinar a esse respeito: a história de Noemi, sogra de Rute. Noemi, por causa de seu sofrimento, até mesmo decidiu mudar de nome: ela, que se chamava Noemi, "agradável", passou a se chamar Mara, "amarga":

> "Não me chamem de Noemi", respondeu ela. "Chamem-me de Mara, pois o Todo-poderoso tornou minha vida muito amarga. Cheia eu parti, mas o Senhor me trouxe de volta vazia. Por que me chamar de Noemi se o Senhor me fez sofrer e se o Todo-poderoso trouxe calamidade sobre mim?" (Rt 1.20-21)

Noemi, que havia ido de Belém para Moabe juntamente com seu marido Elimeleque e seus dois filhos, Malom e Quiliom (Rt 1.1-2), agora estava "sozinha, sem os dois filhos e sem o marido" (Rt 1.5). Por isso, em sua dor, declarou que havia saído de Belém "*cheia*", e agora voltava para sua terra "*vazia*". Afinal, era sua família que preenchia sua vida e que lhe dava sentido para viver e se alegrar. Por isso, diante da tristeza, na dor do luto, ela decide abraçar a amargura que sentia. Com a vida "vazia", era apenas o sofrimento que ela conseguia enxergar.

Porém, vemos que Noemi não voltou sozinha, pois voltou "acompanhada de sua nora Rute" (Rt 1.22). Noemi havia declarado às suas noras, Rute e Orfa, que voltassem para as casas de seus familiares. Afinal, ela não poderia fazer mais nada por elas, já que estava viúva e, mesmo que se casasse, como bem lembrou, e tivesse outros filhos, estes demorariam muito para crescer, para que suas noras casassem com eles (Rt 1.11-13). Já não havia mais razão para estarem juntas, já que Noemi não poderia oferecer mais nada para elas.

Orfa sofreu com Noemi, chorando junto com ela (Rt 1.14), mas Rute não somente chorou como também "se apegou firmemente a Noemi" (Rt 1.15), declarando a ela: "Aonde você for, irei; onde você viver, lá viverei" (Rt 1.16). Rute decidiu acompanhar Noemi e, em seu cuidado com ela, pode ter atuado na prevenção a um possível suicídio.

Permitindo Noemi cuidá-la como filha, e cuidando dela em retribuição, Rute levou Noemi a ter um novo propósito na vida, de modo que, ao ser abençoada por Boaz, fez com que Noemi pudesse deixar a amargura de lado e ver novamente a bondade de Deus (Rt 2.20). A transformação maior veio, porém, quando Rute teve um filho, e Noemi o amou e cuidou "como se fosse seu filho" (Rt 4.15).

Porém, a trajetória não deve ter sido fácil! Noemi, que havia perdido o sentido de viver, pôde receber atenção e cuidado de sua nora, que, por sua vez, chamou a atenção de Boaz pela forma com que tratou a sogra (Rt 2.11), mas isso exigiu disposição de Rute. Rute foi, portanto, uma viúva que conseguiu olhar para além da dor de sua perda, vendo sua sogra com amor, por entender que ela havia perdido ainda mais do que ela. Sua decisão de acompanhar Noemi, portanto, envolveu uma enorme renúncia, uma vez que implicava em ela viver não somente com a pobreza, mas também com a dor do luto.

A dor do luto pode se acentuar na pobreza, mas certamente não é a riqueza que consegue apagá-la. No caso de Jó, mesmo que ele tenha perdido todos os seus bens, foi a perda de seus filhos que, com certeza, mexeu mais com sua alma. Afinal, "a dor do luto é mais aguda do que a dor da pobreza", pois "a escassez é menos dolorosa do que a morte"[140]. Quem tem tudo, mas perde um filho, se sente como se não tivesse nada e, certamente, daria tudo que tem para ter novamente aquele que perdeu. Sendo assim, embora a pobreza tenha tornado sua dor mais evidente, ainda que tivesse conservado os bens, Jó teria sofrido profundamente.

O luto faz nos sentirmos pobres. Por isso a tradução Almeida Revista e Atualizada traz, ao invés das palavras "cheia" e "vazia", as palavras "ditosa" e "pobre" em Rute 1.21. As palavras de Noemi não dizem respeito somente ao fato de que agora ela estava pobre, mas também indicam que, ao perder sua família, perdeu o que tinha de mais valioso, seu bem mais precioso. Um sentimento que Jó também experimentou, e que o levou a desejar profundamente a morte.

No caso de Jó, sabemos que ele pôde experimentar as bênçãos de Deus através de uma nova família, tal como aquela que ele tinha antes, vindo a ter novamente três filhas e sete filhos (Jó 42.13). Porém, o caso dele foi uma exceção. Quem perde um ente querido pensa que, mesmo que tivesse outro, não poderia substituí-lo, e, na verdade, normalmente nem mesmo quer pensar nisso! Com certeza ter outra pessoa não substituiria aquela que morreu. Nenhuma pessoa é substituível em nossas vidas, assim como ninguém é insubstituível em suas funções.

Uma esposa que perdeu um marido pode se casar novamente, mas este não será um "substituto" do falecido. Pode-se dizer que o substitui como "marido", como função, mas não como pessoa. Ao mesmo tempo,

---

[140] LOPES, Hernandes Dias. *Rute: uma perfeita história de amor*. São Paulo: Hagnos, 2007b (Comentários expositivos Hagnos), p. 19.

tal casamento pode ajudá-la a ver a vida com mais alegria e ser uma grande bênção. Quer dizer que todo aquele que perdeu um cônjuge deve se casar novamente? Não. Assim como quem perdeu um filho não deve, necessariamente, ter outro, é uma decisão de cada um! Porém, termos pessoas ao nosso lado (como cônjuges e filhos) pode nos ajudar a viver melhor.

No caso de Noemi, não foi casando novamente ou tendo um filho que ela encontrou a alegria. Porém, ela viveu melhor por ter Rute ao seu lado, como uma espécie de "filha", assim como renovou a alegria em sua vida quando Rute teve um filho, o qual Noemi amou e cuidou "como se fosse seu filho" (Rt 4.15). Deste modo, por mais que o enlutado se sinta responsável por não tentar substituir aquele que faleceu, deve, ao mesmo tempo, entender que precisa de pessoas, e que pode se permitir se alegrar novamente. A vida não precisa parar, por mais que o luto traga um desejo de morte.

JÓ E SUA ESPOSA: O DRAMA FAMILIAR

No caso de Jó, ele tem o desejo de morte, como lembra Nilson Berenchtein Netto, mas a recusa quando é proposta por sua esposa[141]. Sua esposa, ao invés de ajudá-lo a olhar para além dos problemas, propõe que ele tire sua vida: "Você ainda tenta manter sua integridade? Amaldiçoe a Deus e morra!" (Jó 2.9). Mas como julgar esta mulher em pleno sofrimento? Certamente vemos sua fala como algo imprudente, mas ela é resultado de um sentimento de impotência diante do fato de que "não

---

141 BERENCHTEIN NETTO, 2013, p. 80.

se tem resposta também para toda aquela raiva que toma conta de nós"¹⁴². Um sentimento que é acompanhado de uma sensação de injustiça, que se torna muitas vezes difícil de conciliarmos com nossa crença em Deus.

Jó, porém, não seguiu o conselho de sua mulher, como podemos ver pela continuação do texto: "Jó respondeu: 'Você fala como uma mulher insensata. Aceitaremos da mão de Deus apenas as coisas boas e nunca o mal?'. Em tudo isso, Jó não pecou com seus lábios" (Jó 2.10). Ele não cedeu à sua raiva, e não deixou aquela situação derrubar a sua fé. Dizer que sua fé não foi abalada é exagero, mas podemos afirmar que ele não deixou de ter fé.

Por mais que saibamos que Jó era um "homem íntegro e correto" (Jó 2.3), que temia a Deus e se afastava do mal, a resposta de Jó para sua esposa é, no mínimo, surpreendente. Afinal, como podemos ver pela continuação da história, Jó estava sofrendo profundamente, a ponto de amaldiçoar o dia de seu nascimento (Jó 3.1). E, apesar disso, não cedeu ao seu desejo pela morte, mesmo que sua esposa, que era agora a única pessoa de sua família, tenha o orientado a se matar.

Com certeza isso exige uma enorme determinação, considerando que a família é, como lembra Hernandes Dias Lopes, a primeira trincheira na prevenção ao suicídio, sendo normalmente o espaço em que "se ganha ou se perde a batalha pela vida"¹⁴³. O amparo, por parte da família, daquele que sofre é fundamental, de modo que

---

142 BAYER, Ingrid. E agora o que fazemos? Cuidando da dor dos que foram impactados pela perda de uma pessoa próxima. In: GRZYBOWSKI, Carlos "Catito". *Quando a dor se torna insuportável: reflexões sobre por que pessoas se suicidam*. São Leopoldo: Editora Sinodal, 2019, p. 47-55 [48].

143 LOPES, 2007a, p. 24.

até os médicos, como o Dr. Ismael Sobrinho, destacam que ao se tratar pessoas com intenção suicida, "a família de alguém com depressão tem grande papel em ajudar esses pacientes que estão fragilizados"[144]. No caso de Jó e sua esposa, cuja família havia se reduzido aos dois, o amparo teria de vir um do outro, o que não é algo fácil: é muito difícil ajudarmos alguém quando nós, também, estamos precisando de ajuda.

Sendo assim, se dependesse do incentivo da família de Jó, este teria cedido, e foi surpreendente ele não ter desistido! Pois a fala de sua esposa com certeza lhe fez perceber que ele havia perdido a sua principal trincheira na guerra contra a morte: aquela que poderia e deveria ser seu maior suporte, com quem deveria chorar junto, para um ajudar o outro. Aquela que lhe daria a esperança de que, juntos, poderiam reerguer suas vidas.

É triste vermos, pelo caso de Jó, que nem todas as famílias cumprem o seu papel de fornecer um "espaço dentro do lar para a amizade, para o diálogo e para o desabafo"[145]. Muitas vezes isto se dá por causa do sofrimento: a mulher de Jó, por exemplo, não conseguiu cumprir seu papel de amparo para com Jó, pois ela mesma estava em sofrimento profundo, sentindo a dor de ter perdido "seus dez filhos, filhos que ela gerou, alimentou, criou e dos quais cuidou"[146].

Em sua resposta à sua esposa, Jó a respeitou: ao indicar que ela estava falando "como uma mulher insensata", ou ainda "como qualquer doida" (ARA), Jó estava, como

---

144 SOBRINHO, 2019, p. 105.
145 LOPES, 2007a, p. 24.
146 PORTE JR., 2016, p. 97.

bem lembra Wilson Porte Jr., "mostrando-lhe que ela não era assim"[147]. Ela era uma mulher sensata, e poderia agir diferente. Em seguida, Jó lembra a ela que os dois estão juntos na mesma situação, falando na primeira pessoal do plural ("nós"), e dando oportunidade para que ela, junto a ele, reagisse de forma diferente, junto com ele: "Aceitaremos da mão de Deus apenas as coisas boas e nunca o mal?".

Na fala da mulher de Jó, porém, vemos alguém que convida seu cônjuge ao desespero e ao sacrilégio. Afinal, há uma relação direta entre amaldiçoar a Deus e se matar: ao tirar sua própria vida, Jó estaria desonrando a Deus, uma vez que Ele, sendo criador da vida, é o único que tem o direito de tirá-la. Assim, quem morre por suicídio realiza "uma usurpação dessa prerrogativa divina", como lembra Hernandes Dias Lopes[148], desonrando ao Criador. Porém, mesmo que Jó tenha decidido continuar vivendo, seu desejo permaneceu sendo a morte, pois entendia que seria melhor morrer do que continuar no sofrimento em que se encontrava.

JÓ E SEU CORPO: DOENÇA E MORTE

Ao declarar "melhor morrer que sofrer assim", Jó destaca que, em seu luto e doença, a morte parece uma espécie de "mal menor" do que o sofrimento pelo qual está passando. Trata-se da ideia descrita por Norbert Elias de que, para algumas pessoas, aparentemente, "a morte não é terrível", pois "passa-se ao sono e o mundo desaparece, mas o que pode ser terrível na atualidade é a dor dos moribundos, bem como a perda de uma pessoa

---

147 PORTE JR., 2016, p. 96.
148 LOPES, 2007a, p. 149.

querida sofrida pelos vivos"[149].

Ou seja, para muitos que sofrem com a dor do luto ou com o sofrimento constante por causa de uma doença, a morte pode parecer um alívio. Afinal, vemos no Antigo Testamento que a doença pode ser um fator para o desejo pela morte, assim como o sofrimento psicológico[150], dois caminhos para um sofrimento que pode ser tão profundo que aquele que sofre pode simplesmente querer um "basta" para sua dor. Afinal, "para cada pessoa há um 'basta'"[151]. No caso de Jó, que passou por ambos ao mesmo tempo, esse desejo parece ter se mostrado ainda mais forte.

Jó experimentou esse duplo sofrimento e, por conta disto, não somente desejou a morte profundamente, mas também a viu como uma espécie de "amiga"[152], em claro contraste com a imagem da morte como "inimiga", como aparece ao longo do Antigo Testamento[153]. Jó vê a morte como "amiga" porque perdeu o valor de sua vida. Sente que nem mesmo pode se considerar vivo, para Jó, ele "nem sequer vive, está como morto"[154]. É como se a única diferença entre sua vida e sua morte fosse que, na morte, ele não sofreria mais.

Jó, mais do que qualquer outra pessoa, nos mostra como "uma pessoa deprimida flerta com a morte e a de-

---
149 ELIAS, Norbert. *A Solidão dos moribundos*. Tradução: Plínio Dentzien. Rio de Janeiro: Jorge Zahar Editor, 2001, p. 76.
150 RUPPENTHAL NETO, Willibaldo. *A alma no Antigo Testamento*. São Paulo: Fonte Editorial, 2019, p. 44.
151 WOLFF, 2008, p. 180.
152 RUPPENTHAL NETO, 2020, p. 166.
153 JOHNSTON, Philip S. *Shades of Sheol: Death and Afterlife in the Old Testament*. Leicester: Apollos; Downers Grove: InterVarsity, 2002, p. 27-28.
154 MARTIN-ACHARD, Robert. *Da morte à ressurreição segundo o Antigo Testamento*. Santo André: Academia Cristã, 2015, p. 198.

seja ardentemente"[155]. Porém, precisamos lembrar que "uma pessoa deprimida não deseja morrer porque odeia a vida, mas porque ama a vida o suficiente para querer o fim da dor"[156]. Jó não desejava a morte porque pensava que a morte era melhor do que a vida, mas porque pensou que a sua morte seria melhor do que a sua vida.

O natural não é desejarmos a morte, mas desejarmos a vida! O ser humano é um ser diferente não somente porque tem consciência de sua morte, como muitos destacam, mas também porque tem consciência de sua vida! Apesar de muitos bebês começarem a vida chorando, a infância é marcada pelo encanto e pela descoberta. Porém, ao longo da nossa trajetória, muitas vezes nossa alegria parece ser roubada, é como se o prazer na vida fosse se apagando, gerando inclusive um desejo pela morte.

O desejo pela morte, portanto, deve ser visto como momentâneo, mas que nem por isso deve ser desprezado! Pois, se um desejo desse tipo chegou ao coração de alguém, é porque esta pessoa esteve (mesmo que por um breve momento) mal o suficiente para não ver a vida da forma correta. Ou seja, mesmo que tenha ocorrido uma única vez, deve servir de alerta, para buscarmos reacender aquele amor pela vida que deve nos marcar, e para pensarmos no que nos afligiu, já que "só na aflição extrema pode haver um desejo da morte"[157].

Quando alguém pensa, tal como Jó, que é "melhor morrer do que sofrer assim", é porque a pessoa reduziu sua visão da vida ao sofrimento. É esta "lente do sofri-

---

155 LOPES, 2007a, p. 63.
156 LOPES, 2007a, p. 63-64.
157 WOLFF, 2008, p. 180.

mento" que faz a pessoa ver a vida como um problema, e a morte como solução. Não é que aquela pessoa é uma pessoa depressiva. A depressão e o sofrimento são estados nos quais podemos nos encontrar, e não elementos da nossa identidade. E ninguém está isento de passar por isso. Qualquer um de nós pode acabar desejando a morte, especialmente quando não conseguirmos ver nada em nossa vida para além dos problemas ou quando pensarmos que, como Jó, perdemos tudo que tínhamos. Foi o caso de um pastor que foi se consultar com a psicóloga Roseli M. Kühnrich de Oliveira:

> Ele chorava, sentado à minha frente. Seu mundo havia desmoronado. O divórcio apenas explicitara o drama familiar. Primeiro o distanciamento, depois a indiferença. Agressões verbais, desconsideração, xingamentos, insultos e, por fim, violência física. De ambas as partes. Consumido pela ira e por ciúmes, agrediu a esposa. Proibido por ordem judicial de se aproximar da mulher, ele baqueou. De um dia para outro perdeu a família e tudo em que acreditava. "A igreja me dispensou", contou ele com profunda tristeza. E na sequência perdeu a casa, o salário, a cama e até o chinelo. Por fim, cabisbaixo e sem me olhar, confessou: "Vindo aqui para a consulta, tirei as mãos do volante e fechei os olhos".[158]

Como ela explica, o desejo do pastor não era o de morrer, mas que a dor acabasse e que seus problemas sumissem. Sendo assim, o desejo pela morte se dava pela ilusão desta como solução. Trata-se de um mal que pode acometer qualquer um: como bem lembra Ismael Sobrinho, "vemos na Bíblia homens e mulheres que an-

[158] OLIVEIRA, 2019, p. 57.

daram com Deus e apresentaram, por exemplo, sintomas depressivos e de angústia extrema"[159], assim como grandes referências no cristianismo, como Charles Haddon Spurgeon (1834-1892) sofreram de depressão[160]. Cabe, portanto, ajudarmos a pessoa a resgatar o prazer na vida, para que possa ver sua beleza.

Quanto ao luto, muitas vezes o que podemos fazer é simplesmente consolar, estar junto, e abraçar. Afinal, quem sofre não quer saber a razão do seu sofrimento, mesmo que pergunte "Por quê?!" sem parar. O que a pessoa realmente quer é que a dor passe, e a dor somente pode passar quando a ferida da alma for curada. Algo que exige tempo, que exige cuidado, e que precisa ser visto com olhar de esperança.

Uma pessoa no início de um luto precisa ser cuidada com compreensão, e não questionada com repreensão. Por isso, pode-se dizer que os amigos de Jó começaram bem, mas terminaram mal: eles foram até Jó com a intenção de "consolá-lo e animá-lo" (Jó 2.11), e fizeram bem ao chorarem junto com Jó e ficarem em silêncio. Ao romper o silêncio, porém, Elifaz não teve sabedoria, indicando que o sofrimento de Jó seria fruto do pecado. Ao invés de consolá-lo, trouxe-lhe mais desespero.

Mesmo as palavras de consolo, porém, devem ser medidas, como fez Abraham Lincoln: em novembro de 1864, o então presidente dos Estados Unidos, Abraham Lincoln, escreveu uma carta a Lydia Parker Bixby, a qual ficou conhecida como *Carta Bixby* (inglês: *Bixby Letter*).

---

159 SOBRINHO, 2019, p. 21.
160 Sobre a depressão de Spurgeon, cf. ESWINE, Zack. *A depressão de Spurgeon: esperança realista em meio à angústia*. São Paulo: Editora Fiel, 2016.

A senhora Bixby, que serviu de inspiração para o famoso filme *O Resgate do Soldado Ryan* (*Saving Private Ryan*), de 1998, havia perdido seus cinco filhos na Guerra Civil Americana. Diante do luto daquela mulher, as palavras de Lincoln foram sucintas, destacando uma verdade: "Eu sinto quão fraca e infrutífera deve ser qualquer das minhas palavras que tente afastá-la da dor de uma perda tão pesada".

Precisamos ter sabedoria quando lidamos com o sofrimento alheio, acolhendo aquele que sofre a dor do luto, e não lhe negando ajuda ou julgando, como fizeram a esposa e os amigos de Jó. Ao mesmo tempo, aquele que sofre com o luto, ou que deseja a morte por outra razão, deve buscar ajuda. E, mesmo que tenha tido experiências negativas ao abrir o coração, recebendo julgamento e contestação, deve procurar quem possa o ajudar com amparo e amor.

"*melhor morrer que viver desse modo*"

JONAS

JONAS

"melhor morrer que viver desse modo"

Agora tira minha vida, Senhor! Para mim é melhor morrer que viver desse modo.

Jonas 4.3

A história de Jonas é bem conhecida: Deus o chama para ir pregar à cidade de Nínive, cidade famosa que, sendo capital do terrível Império Assírio, "representava o paradigma do mal"[161]. Jonas, porém, decide fugir de sua tarefa, partindo em um navio para Társis, onde hoje é a Espanha, ou seja, vai para um destino completamente oposto ao que deveria. Deus, então, manda uma tempestade, a qual é vista pelos companheiros de barco de Jonas como a ira de algum deus sobre eles.

Após os marinheiros tirarem a sorte, Jonas lhes revela que aquela tempestade se deu pela ira de Deus contra ele, e lhes pede que o atirem ao mar. Após relutarem e Jonas insistir, eles o fazem. No mar, Jonas é engolido por um grande peixe, e, dentro deste, ora ao Senhor. Deus, então, ouve essa oração e ordena que o peixe vomite Jonas, e este, agora em terra, vai até Nínive, a fim de pregar àquela cidade. Sua pregação é de destruição — a cidade seria destruída em 40 dias! —, mas o povo de Nínive se arrepende de seus pecados, e Deus decide não destruir a cidade.

---

[161] PORTE JR., 2016, p. 192.

Ao invés de esta atitude do povo de Nínive e do próprio Deus levarem Jonas a se alegrar, tudo isso "deixou Jonas aborrecido e muito irado" (Jn 4.1). E é aqui que temos, no próprio texto, a explicação, por parte de Jonas, da razão de ele não ter desejado obedecer a Deus desde o início: "Antes de eu sair de casa, não foi isso que eu disse que tu farias, ó Senhor? Por esse motivo fugi para Társis! Sabia que és Deus misericordioso e compassivo, lento para se irar e cheio de amor. Estás pronto a voltar atrás e não trazer calamidade" (Jn 4.2). E, para completar, Jonas declara: "Agora tira minha vida, Senhor! Para mim é melhor morrer que viver desse modo" (Jn 4.3).

Sendo assim, Jonas não é alguém que pede a morte pelo seu sofrimento, mas em razão de sua ira contra a cidade de Nínive. Afinal, mesmo que algumas pessoas suponham que ele, neste momento, estaria sofrendo as consequências de o suco gástrico do peixe ter corroído sua pele (fazendo com que muitos afirmem que ele teria ficado careca, etc.), não é qualquer dor que lhe faz desejar a morte, mas *o ódio*: ele não somente tentou fugir de sua tarefa por ódio a Nínive, mas também se irou após realizá-la, porque "no fundo de seu coração, torcia para que Deus, literalmente", mandasse os habitantes de Nínive "para o inferno"[162].

JONAS E NÍNIVE: A IRA E O ÓDIO

As palavras de Jonas a respeito de Deus, afirmando que Ele é "lento para se irar", são respondidas por uma pergunta de Deus a ele: "Você acha certo ficar tão ira-

---
[162] PORTE JR., 2016, p. 192.

do assim?'". Assim, "ironicamente, depois de condenar Deus por não se irar, Jonas é questionado a respeito de sua própria ira"[163]. É como se Jonas estivesse cobrando que Deus ocupasse seu devido lugar como juiz, dizendo ao Senhor o que Ele realmente deveria fazer, apesar de reconhecer que já sabia que Deus é misericordioso.

O termo hebraico para "ira" utilizado aqui é *harah*, que também quer dizer "esquentar" ou "queimar". Tal como cogitado pelos ninivitas, Deus de fato se afastou de "sua ira ardente" (Jn 3.9), após ver o arrependimento deles. Porém, enquanto Deus esfriava seus ânimos, Jonas se esquentava com sua ira, tal como uma "fornalha"[164]. E, preso nesse fogo, Jonas deseja até mesmo morrer caso não veja sua ira saciada. Ou seja, "já que os ninivitas não morreram, ele quer morrer"[165].

A insistência de Jonas, porém, não se dá somente por palavras, mas também por ações: na esperança de ver a cidade de Nínive destruída, e seu ódio saciado, Jonas foi "até um lugar a leste de Nínive e construiu um abrigo para sentar-se à sua sombra enquanto esperava para ver o que aconteceria à cidade" (Jn 4.5). Talvez Jonas pensasse que Deus, por amor a ele, ainda poderia voltar atrás, decidindo novamente pela destruição da cidade de Nínive. Ou talvez tivesse a esperança que os moradores da cidade voltassem a pecar, e Deus os castigasse.

---

163 ALEXANDER, T. Desmond. Jonas. In: BAKER, David W.; ALEXANDER, T. Desmond; STURZ, Richard J. *Obadias, Jonas, Miquéias, Naum, Habacuque e Sofonias: introdução e comentário*. São Paulo: Vida Nova, 2006 (Série Cultura Bíblica), p. 53-150 [146].
164 LOPES, Hernandes Dias. *Jonas: um homem que preferiu morrer a obedecer a Deus*. São Paulo: Hagnos, 2008 (Comentários expositivos Hagnos), p. 110.
165 LOPES, 2008, p. 108.

É difícil dizermos o que se passava na cabeça de Jonas. Porém, o fato de ele se assentar próximo a Nínive "enquanto esperava para ver o que aconteceria à cidade" mostra que ele queria que algo acontecesse. Talvez Jonas até mesmo estivesse fazendo uma barganha com Deus: ele não sairia dali até ver a ira de Deus descer contra aquela cidade! E, pelas suas palavras, se percebe que Jonas preferia morrer a ver a cidade de Nínive se livrar da condenação. Jonas desejou tanto a morte dos ninivitas que seu desejo o consumiu, a ponto de ele desejar — se necessário — sua própria morte.

Jonas, porém, não é o único a ter o desejo da própria morte como fruto do desejo da morte alheia. Afinal, hoje, muitos têm entrado em depressão e têm necessitado de apoio terapêutico em função de seu ódio. Trata-se de casos de uma ira internalizada que se consolida e se transforma em um ódio profundo contra alguém ou, tal como Jonas, contra um grupo de pessoas.

Essa situação pode se dar, inclusive, no meio cristão: pode-se ver esta situação no fato de certas pessoas, que se dizem "cristãs", odiarem tão profundamente determinado grupo de pessoas, taxando-as como "pecadoras", que passam a desejar não a conversão e redenção delas, mas a sua destruição. Ou seja, muitas pessoas, ainda hoje, fazem como Jonas, desejando profundamente a morte daqueles que tomam como "ninivitas". Pois, tal como Jonas, o qual "pelos seus padrões pessoais"[166] achava que os ninivitas não mereciam salvação, muitos, por sua opinião, decidem que certas pessoas não merecem a salvação, *como se alguém, de fato, merecesse!*

---

[166] COELHO FILHO, Isaltino Gomes. *Jonas: nosso contemporâneo*. Rio de Janeiro: JUERP, 1992, p. 51.

Recentemente, um de nós ouviu uma experiência de um aluno: uma professora de outro seminário, no qual ele estudava, contou para a turma que, quando ela passava por pessoas com determinada prática pecaminosa, sentia profundas náuseas e precisava orar imediatamente. A pergunta que o aluno se fez foi, porém, bastante pertinente: "Será que isso é fruto do Espírito, ou é consequência de um ódio não tratado?" Afinal, muitas vezes cobrimos nossos sentimentos com "panos" de espiritualidade, e tentamos convencer a nós mesmos que é apenas o outro que tem algo a resolver com Deus.

Com a polarização política que vemos no Brasil atualmente, na qual cada vez mais as pessoas estabelecem sua identidade em um espectro político — afirmando "sou de direita" ou "sou de esquerda" —, vemos este ódio como algo recorrente, até mesmo dentro das igrejas. Já não é mais raro vermos irmãos em Cristo odiando um ao outro por questões políticas, assim como cristãos afirmando o desejo de morte em relação a determinado político. E, mesmo quando se percebe o ódio dentro de si, pode-se cair no erro de ter como desculpa que a Bíblia ensina que se deve entregar a pessoa "a Satanás, para que o corpo seja punido e o espírito seja salvo" (1 Co 5.5).

Mas como não haveria polarização? Afinal, o extremismo tem marcado cada vez mais estes tempos nos quais vivemos, uma vez que "hoje permanecemos iguais e no outro só se busca ainda a confirmação de si mesmo"[167]. E isso pode ser intensificado pelas redes sociais: não são poucos os críticos que, tal como Byung-Chul Han, apontam para o perigo da comunicação digital desfazer a pertença social.

---
167 HAN, 2019a, p. 39.

Afinal, a conexão digital "destrói o espaço público e aguça a individualização do ser humano"[168], pois ao invés de ser dialógica, ela é uma forma de comunicação sem limites e, portanto, sem espaços a serem ocupados. É como um "mar", no qual não há como traçar nenhuma linha firme, como lembra Han[169]. E, por conta disto, acaba permitindo que cada pessoa seja levada cada vez mais pela maré ideológica. Até porque os "algoritmos" tendem a conduzir cada pessoa àquilo que já é a sua tendência (seja política, ideológica, religiosa etc.), por ser o que lhe "agrada" e que a pessoa, portanto, "consome", fazendo com que o extremismo seja apenas uma questão de tempo.

Como consequência disso tudo, hoje, temos muitas vezes deixado nossos corações ficarem endurecidos como o de Faraó, vivendo extremismos como se fossem a nossa obrigação. E, ao invés de desejarmos que certas pessoas possam ter um encontro com Deus, as restringimos ao papel que designamos para elas, enquadrando-as a partir de nossos preconceitos. Deste modo, muitos políticos, por exemplo, deixam de ser, nas nossas mentes, pessoas que podem ter um encontro com Deus, e passam a ser vistos como monstros, sendo rebaixados às taxações que são feitas sobre eles.

Afinal, não é raro, hoje, aqueles que fazem "religiões" a partir de ideologias, vendo determinados políticos como figuras messiânicas e, inversamente, desprezando aqueles do "outro lado" político. Extremos que podem ser entendidos como idolatria, de um lado, e demonização de outro.

---
168 HAN, 2018, p. 86.
169 HAN, 2018, p. 90.

O que não costumamos perceber, porém, é que estas atitudes e disposições do coração, alimentando o ódio por determinadas pessoas, fazem pior a nós mesmos do que aos outros. Assim, desejando a morte de determinado político, por exemplo, muitos não percebem que estão matando a si mesmos emocionalmente. É como diz o ditado: "A raiva é um veneno que nós bebemos esperando que os outros morram". O resultado é óbvio: somos nós que morremos, de dentro para fora.

Tal como Jonas, quem se deixa dominar pela raiva e pelo ódio não nota que estes, que provocam o desejo da morte do outro, corroem a nossa alma e fazem com que venhamos, inclusive, a perder o sentido da nossa própria vida. E, assim, é fácil esquecermos que a misericórdia de Deus nas nossas vidas deve frutificar em nós, gerando compaixão e amor ao próximo. É fácil esquecermos que é pela misericórdia de Deus que não somos consumidos: "As misericórdias do Senhor são a causa de não sermos consumidos, porque as suas misericórdias não têm fim; renovam-se cada manhã" (Lm 3.22, ARA). Assim, muitas vezes queremos ver a "justiça" de Deus sobre os outros, quando esquecemos que Deus deixou de aplicar o justo castigo que nós merecemos.

É interessante vermos que, quando Jonas estava dentro do peixe, ele fez uma oração (Jn 2) na qual clamou ao Senhor destacando "as misericórdias de Deus" (Jn 2.8). E ele mesmo viu esta misericórdia no fato de Deus ouvir seu clamor e ordenar ao peixe que o vomitasse na praia. Porém, quando Jonas viu o perdão de Deus dado à cidade de Nínive, não se esqueceu da misericórdia de Deus, mas reclamou justamente dela e do fato de Deus ser um "Deus misericordioso e compassivo" (Jn 4.2). A misericórdia de Deus, portanto, era vista como algo bom somente quando era derramada sobre ele. Sobre os demais, Jonas queria ver a ira de Deus, e não a Sua compaixão. Queria ver o seu desejo realizado, e não o amor de Deus derramado.

De fato, como destaca T. Desmond Alexander, quando contrastamos a oração de Jonas de dentro do peixe e a oração após o perdão de Nínive, "é irônico que Jonas agora deseje morrer por causa da natureza clemente e compassiva de Deus"[170]. Ele, que havia declarado que iria oferecer sacrifícios, cumprir votos e cantar, louvando que "somente do Senhor vem o livramento" (Jn 2.9), faz justamente o oposto quando vê o livramento de Nínive: reclama e deseja a morte.

É curioso vermos a semelhança com os nossos tempos: tal como Jonas, quando saiu do peixe, muitos têm saído de seu isolamento social e, em vez de serem alegres e gratos a Deus pelo livramento, têm se tornado como animais raivosos. Algo que podemos sentir no trânsito, o qual dá a impressão de ter se tornado muito pior do que antes da pandemia, como se todas as pessoas estivessem a um passo de explodirem de raiva.

Assim, tal como Jonas e a barriga do peixe, a impressão que temos é que o isolamento social da pandemia endureceu ainda mais os corações das pessoas. Tal como ele, deixamos de lado a oportunidade de aprendermos com a experiência do isolamento, prendendo-nos a sentimentos ruins que, durante este tempo, ao invés de serem tratados, foram apenas intensificados.

---

[170] ALEXANDER, 2006, p. 145.

JONAS E A PLANTA: O FOCO ERRADO

Porém, por mais que Jonas fosse cabeça dura, Deus decidiu dar a ele uma nova oportunidade de aprendizado: se ele não aprendeu enquanto estava na barriga do peixe, poderia aprender agora, por meio de uma planta, uma planta que Deus faz nascer, crescer e morrer, para desespero do profeta. Agora, sofrendo pelo calor, "o sol bateu em sua cabeça até ele sentir-se tão fraco que desejou morrer" (Jn 4.8), chegando a declarar novamente: "Para mim é melhor morrer que viver desse modo" (Jn 4.8).

Diante disso, Deus lhe perguntou: "Você acha certo ficar tão irado por causa da planta?" (Jn 4.9). E a resposta de Jonas foi incisiva: "Sim, acho certo ficar tão irado a ponto de querer morrer!" (Jn 4.9). Se antes, em função do livramento de Nínive, Jonas declarou o seu desejo pela morte por causa do livramento divino, agora ele declara seu desejo de morte e o reafirma porque a planta fora destruída. Ou seja, "enquanto no versículo 3 ele questiona o direito divino de livrar, aqui ele desafia o direito divino de destruir"[171].

Jonas questiona o absurdo que é Deus conceder alívio a ele para depois tirar, dar para depois tomar, permitir nascer para depois deixar morrer. Em um momento Deus traz conforto e, no seguinte, traz destruição[172]. Isto pode parecer exagerado quando pensamos na planta, mas ganha significado quando entendemos que a planta simboliza Israel, e o verme simboliza os assírios que o

---
171 ALEXANDER, 2006, p. 148.
172 ALEXANDER, 2006, p. 149.

destruirão[173]. Ou seja, a planta representa aquilo que mais valorizamos e que, apesar de ter sido criado por Deus, pode ser tirado de nós.

Tal como Jonas, podemos nos deparar com perdas que nos fazem questionar a razão de Deus ter nos presenteado, já que depois perdemos. Nisso, Jonas lembra Jó, cujas perdas foram evidentemente duras e pesadas, principalmente de seus filhos. E, como pais, não conseguimos pensar em um presente maior do que os nossos filhos, cuja perda não conseguimos nem mesmo imaginar. Em seu livro *Depressão e Graça*, porém, Wilson Porte Jr.[174] relata uma experiência com alguém que conseguiu entender que, ao perder alguém, não poderia deixar de considerar um presente.

Após um casal pedir a misericórdia de Deus para que tivessem um filho, Deus permitiu que a esposa engravidasse e eles tivessem uma criança linda e perfeita, que chegou à família com muita festa e alegria. Com dois anos, porém, a criança adoeceu gravemente e, após muitas internações, gastos e orações, a criança morreu. No funeral, até mesmo o pastor ficou "sem jeito" para falar, mas o pai tomou a palavra e disse:

> Eu gostaria [...] de dizer para vocês o quanto somos, minha esposa e eu, gratos a Deus pela honra e o privilégio que ele nos deu de cuidarmos, por dois anos, de nosso filho. [...] Todavia, entendemos que o mesmo bondoso Deus que nos deu esse anjinho foi quem o levou embora para junto de si. "O Senhor o deu e o Senhor o tomou; bendito seja o nome do Senhor".[175]

---

173 ALEXANDER, 2006, p. 148.
174 PORTE JR., 2016, p. 93.
175 PORTE JR., 2016, p. 93-94.

É até difícil imaginarmos a cena desse pai terminando sua fala no funeral com as palavras de Jó 1.21. Porém, foi possível pela graça de Deus. Algo incrível, uma vez que é comum cobrarmos de Deus as nossas perdas, como se Ele fosse o culpado do nosso sofrimento. Como se fosse fruto do capricho divino, e não o resultado de um mundo corrompido como efeito do pecado. Assim, esquecemos que Deus "não tem prazer em afligir as pessoas, nem em lhes causar tristeza" (Lm 3.33), como declarou Jeremias. Algo que muitas vezes é difícil de entendermos, como também foi para Jeremias.

Mas e quanto ao sofrimento de Jonas? Tal sofrimento, a despeito de ser genuíno ou não, mostrava uma grande contradição. Por isso a resposta de Deus foi a indicação de que "o verdadeiro absurdo"[176] é o fato de Jonas ter tido compaixão para com uma planta, enquanto permanecia insensível para com toda a população de uma cidade. Afinal, não fazia sentido Jonas ter seu coração tão comovido por uma simples planta, e nem mesmo ligar para algo muito mais precioso, que são as pessoas.

Hoje, mais do que nunca, parece que a preferência de Jonas é praticamente uma tendência: há — e não há como negar — uma usual depreciação do ser humano em comparação à natureza. Uma tendência que parece estar presente, por exemplo, no filme *Avatar*, de 2009. É claro que há também muitos que não estão nem aí para a natureza! Mas há também aqueles que, em vez de valorizarem a natureza juntamente ao ser humano, estabelecem uma completa oposição: apresentam a *natureza* como algo harmonioso, belo, sensível e agradável, em comparação

---

176 ALEXANDER, 2006, p. 149.

ao ser *humano*, tido como desequilibrado, destrutivo, terrível e corrompido.

Neste sentido foram feitos inúmeros filmes, mas também vários *memes*, como um que nos chamou a atenção: trata-se de duas imagens, uma em cima da outra, com a legenda para sabermos o que são. A primeira é um deserto, sem nenhum tipo de vida, com a seguinte legenda: "o mundo sem abelhas"; a segunda é uma bela floresta, com um rio e com vários animais, junto à sua legenda: "o mundo sem humanos".

Por mais que este *meme* tenha sua razão, é curioso como inconscientemente está presente a ideia de que o fim dos seres humanos seria algo bom e, com isso, a ideia de que os seres humanos são necessariamente destrutivos, tal como pensam os alienígenas do filme *O dia em que a Terra parou*, de 2008. Ideias que estão presentes na internet pela grande quantidade de pessoas que, apesar de se sensibilizarem profundamente pela natureza, são completamente insensíveis aos seres humanos. E que estabelecem sua tendência como uma nova ética, seguindo a máxima: "Quanto mais conheço o ser humano, mais eu amo os animais".

Não é à toa que tantos mendigos, visando esta sensibilidade difícil de ser alcançada por eles, apelam tendo animais de estimação, normalmente cachorros, pelas características destes. Afinal, além de serem uma companhia, aumentam drasticamente a chance de receberem alguma ajuda. Ou melhor: passam a receber a ajuda que, no fundo, se destina ao seu animal de estimação.

É até interessante vermos no texto que Deus chega a indicar não somente que em Nínive havia 120.000

pessoas, destacando o número, mas também acrescenta: "sem falar de muitos animais" (Jn 4.11). É como se Deus estivesse lembrando a Jonas que a destruição de Nínive não implicaria somente na morte dos pecadores que ele odiava, mas também na morte de animais inocentes, com quem ele se importava. É como se tivesse pensado: "mesmo que Jonas não se importe com as pessoas, talvez, Deus insinua, ele tenha alguma compaixão pelos animais da cidade"[177].

Como não pensar naqueles que têm compaixão pelos animais, mas não pelos seres humanos? Pessoas que participam voluntariamente de projetos em favor dos animais (o que é algo muito bom, já que a valorização da natureza é uma proposta bíblica!). Mas que quando se trata do ser humano, querem distância. Afinal, enquanto os animais são vistos como inocentes, os seres humanos são vistos como odiosos, em vez de serem vistos como imagem e semelhança do Criador (o que também é uma proposta bíblica!).

Muitas pessoas, hoje, têm tido o foco errado: pensam que seus corações não destilam ódio, por exalarem amor em relação à natureza. Tal como Jonas, veem seu amor pela planta, e esquecem de tratar seu ódio pelos ninivitas. No que diz respeito aos problemas emocionais, esse foco pode ser terrível: um animal de estimação pode ser excelente como forma de terapia. Porém, caso ocupe o espaço que deveria ser de seres humanos, pode intensificar uma tendência de alguém se fechar em si mesmo.

---

[177] ALEXANDER, 2006, p. 150.

JONAS E ZINRI: O DESEJO PELA DESTRUIÇÃO

E se Deus não tivesse tratado o coração de Jonas? O que este teria feito? É difícil afirmarmos o que Jonas *teria* feito, mas podemos saber o que ele *poderia* ter feito, considerando o ódio em seu coração. Afinal, Jonas não foi o único a ter desejos de morte em função de seu ódio. Não foi só ele que teve um desejo de morte que ultrapassava a si mesmo. Na própria Bíblia podemos ver outro exemplo, que foi o rei Zinri.

Diferentemente de Jonas, Zinri não apresentou seu sentimento a Deus, nem a ninguém, terminando sua vida em pecado, como já estava vivendo. Ele, que havia traído o rei Elá e o matado, assumiu o trono e matou toda a família do antigo rei, assim como seus amigos (1 Rs 16.11). O exército de Israel, porém, proclamou Onri como rei, o qual foi até Tirza, cidade na qual Zinri estava, e a cercou. E, "quando Zinri viu que a cidade havia sido conquistada, foi para a parte mais protegida do palácio real, ateou fogo ao edifício e morreu no meio das chamas" (1 Rs 16.18).

Zinri, que conspirou contra seu rei, o assassinou e usurpou seu trono, terminou sua vida tragicamente e pecaminosamente: vendo que estava cercado, não apenas decidiu tirar sua própria vida, mas também destruiu e tirou a vida daqueles que pôde, incendiando o palácio real. Ele, que era um soldado, não escolheu a morte pela espada, mesmo que fosse a sua, mas "escolheu um método que incluía a vingança"[178].

---

[178] SHEMESH, 2009, p. 166. Uma morte que "ecoa" aquela de Sansão (SHEMESH, 2009, p. 166), a qual é mais difícil de se analisar, uma vez que apesar de ter sido motivada pela vingança (Jz 16.28), é permitida por Deus, que devolve as forças a Sansão para que leve os filisteus junto com ele, realizando seu propósito, de livrar os israelitas dos filisteus (Jz 13.5).

Considerando que o desejo de Jonas pela morte não se dava por nenhuma forma de tristeza, mas por ódio, é bem possível que ele, caso tivesse planejado levar adiante seu desejo, teria tentado incluir os ninivitas, a quem ele tanto odiava, junto consigo. Poderia bem ser que tivesse desejado morrer incendiando aquela cidade a qual entendia que deveria sofrer o castigo divino. Afinal, ao contrário de Deus que tinha planos de salvação, parece que "Jonas possuía outros planos para aquela cidade"[179], desejando vê-la destruída, tal como Tiago e João desejaram destruir um povoado samaritano com fogo do céu (Jo 9.54).

Esta parece ser a razão de G. K. Chesterton ter sido tão duro em suas considerações sobre o suicídio, ao ponto de defender que este é um pecado pior do que o assassinato. Afinal, segundo ele, "o homem que mata um homem, mata um homem", mas "o homem que se mata, mata todos os homens", pois, "no que lhe diz respeito, ele elimina o mundo"[180]. Porém, ao nosso ver, a questão não deve ser pensada de forma tão simplista.

É notório que o suicídio, hoje, é mais comum que o assassinato: o número de pessoas que matam a si mesmas é maior, em nível mundial, do que o número de pessoas que matam outras pessoas[181]. Seria isso fruto de um gigantesco ódio pela humanidade que se materializa nos casos de suicídio? Não necessariamente! Cabe notarmos que nem sempre o suicídio é motivado pelo ódio aos outros.

---

179 PORTE JR., 2016, p. 194.
180 CHESTERTON, G. K. *Ortodoxia*. São Paulo: Mundo Cristão, 2008.
181 Segundo José Manoel Bertolote (2012, p. 42), ocorre "um suicídio em alguma parte do mundo aproximadamente a cada 45 segundos", sendo até mesmo "mais que todas as demais mortes por causas violentas juntas (homicídio, acidentes e guerras)".

Na verdade, a grande maioria dos casos de suicídio não é resultado de ódio algum — nem aos outros, nem a si mesmo —, sendo decorrente de transtornos mentais ou de uma crise profunda de depressão[182]. Por isso, hoje, cada vez mais tem sido destacada a importância de se utilizar, em casos de notícias sobre suicídio, expressões como "morreu por suicídio", ao invés de "se suicidou" ou "cometeu suicídio".

Sendo assim, por mais que existam casos de suicídio provocados por ódio, foi o caso de Zinri e poderia ter sido o caso de Jonas, a grande maioria dos suicídios é decorrente de doenças emocionais e mentais. Uma razão importante, inclusive, para que aqueles que têm problemas psiquiátricos cuidem bem do seu emocional, e busquem a ajuda apropriada.

Neste sentido, o *Werther*, por mais polêmico que este livro de Goethe tenha sido, contribuiu no questionamento preconceituoso e taxativo sobre aquele que morre de suicídio, indicando que este pode ser pensado como a consequência de uma doença: "E eu acho tão espantoso que se chame de covarde ou de desgraçado àquele que se priva da vida, como acharia impertinente tachar de covarde ao que sucumbe a uma febre maligna"[183].

O desprezo, ofensa e preconceito em relação àqueles que morreram por suicídio precisam ser evitados, pois têm duas consequências terríveis: em primeiro lugar, isso pode ser extremamente doloroso aos familiares daquele que morreu, aprofundando a dor do luto destes, e, inclusive, tornando essa dor em uma ferida exposta,

---

[182] BRÅDVIK, Louise. Suicide Risk and Mental Disorders. *International Journal of Environmental Research and Public Health*, v. 5 n. 9, 2018.
[183] GOETHE, 2001, p. 73.

que pode até mesmo gerar um desejo de morte; e, em segundo lugar, isso pode fazer com que pessoas que têm o desejo de morte não procurem ajuda, por terem medo ou vergonha de seu sentimento, achando que é um pecado que deve ser escondido, em vez de entender que é um problema que precisa de cuidado e atenção.

Por isso é extremamente importante que o desejo de morte não seja entendido como um pecado, mas como um sintoma de uma doença emocional. E que aquele que o confessa a fim de procurar amparo não seja visto como um covarde, por desejar a morte, mas como alguém corajoso, por expor seu desejo, admitindo que precisa de ajuda, encarando o medo e a vergonha. Ou seja, ao abordarmos alguém com pensamentos de morte, como nos aconselha o Dr. Ismael Sobrinho, "é preciso não julgar a pessoa, evitando condená-la ao inferno, tampouco a rotular de covarde"[184].

Afinal, como bem lembra Hernandes Dias Lopes, na Bíblia vemos "homens de fibra como Moisés, Jó, Elias e Jonas", que "desejaram e pediram para morrer"[185]. Não eram pessoas medrosas, mas homens corajosos, a ponto de arriscarem suas vidas: Moisés arriscou sua vida ao desafiar o faraó; Elias arriscou sua vida ao desafiar o rei; Jonas arriscou sua vida ao desafiar o mar tempestuoso; e Jó arriscou sua vida ao desafiar o próprio Deus em um debate.

Porém, não foi a sua coragem que impediu que eles desejassem morrer. Pois este desejo não é fruto de covardia. Mas foi sua coragem que lhes permitiu apresentar seu sofrimento a Deus, buscando ajuda. Por isso, deixo aqui o desafio: se você já sentiu ou ainda sente desejo

---
184 SOBRINHO, 2019, p. 107.
185 LOPES, 2007b, p. 126.

pela morte, não esconda isso, mas busque ajuda. Não é algo fácil, pois exige coragem.

Admitirmos nossas fraquezas não é algo simples, realmente. Mas se até grandes homens de Deus como Moisés, Elias e Jó desejaram a morte e expressaram esse desejo, podemos saber que não há do que nos envergonhar. Até porque desejar a morte não é pecado: assim como o pecado não está na ira, mas naquilo que fazemos com ela (cf. Ef 4.26), o pecado não está no desejo de morrer, mas em como lidamos com este desejo. Cabe, portanto, escolhermos lidar com essa questão como os heróis bíblicos fizeram: colocando o desejo diante de Deus, e procurando ajuda.

Afinal, como bem lembra o Dr. Ismael Sobrinho, todo aquele que apresenta persistentemente o desejo pela morte "deve falar abertamente com amigos, pastores, médicos ou familiares, a fim de conseguir ajuda"[186]. Certamente não deve tornar seu sofrimento em algo público, espalhando aos quatro ventos, mas deve falar aquilo pelo qual realmente está passando para alguém que possa ajudar.

Como bem lembra Jorge E. Maldonado, "falar diretamente do suicídio tira da morte seu mistério e poder"[187]. Sendo assim, se você está lendo este livro e já teve desejo pela morte, entenda que você não precisa ter vergonha disso. Jonas, por exemplo, apresentou seu desejo de morte a Deus. E, por mais vergonhoso que pudesse ser, já que era evidentemente fruto de ódio, ele colocou para fora seu sentimento, em vez de fazer algo contra os ninivitas.

---

186 SOBRINHO, 2019, p. 106.
187 MALDONADO, Jorge E. *Crises e perdas na família: consolando os que sofrem*. Trad. Carlos "Catito" Grzybowski. Viçosa: Ultimato, 2005, p. 49.

Precisamos entender que apresentar nossos sentimentos a Deus pode nos ajudar. Afinal, admitindo o que sentimos — mesmo sendo *um desejo de morte*, ou até *de morte do outro*, como parece ter sido o caso de Jonas —, podemos reconhecer nosso problema e lidar com ele. Tal problema pode ser o ódio, como foi para Jonas, ou outro sentimento. Porém, seja qual for, precisamos entender que o grande problema não é o sentimento, mas o que fazemos com ele. E, quando compreendemos isso, podemos entender que o sentimento não precisa nos dominar.

Infelizmente, o ódio faz parte da natureza humana. E, ao invés de admiti-lo a fim de tratá-lo, muitas vezes preferimos escondê-lo por trás de uma virtude: podemos fingir, por exemplo, que não odiamos determinado grupo, apenas sentimos ódio pela prática do pecado destes, ou até que sentimos o que sentimos como fruto da "justiça". Afinal: *"Felizes os que têm fome e sede de justiça, pois serão saciados"* (Mt 5.6).

Porém, por mais que o ódio faça parte da natureza humana corrompida, devemos admiti-lo a fim de tratá-lo, moldando nossos sentimentos a partir da decisão pela misericórdia. Pois: "Felizes os misericordiosos, pois serão tratados com misericórdia" (Mt 5.7). E, se Deus é bom até mesmo com os maus (Lc 6.35), quem somos nós para restringirmos nossa misericórdia a quem julgamos merecer? O verdadeiro desafio é tratarmos nossos sentimentos, escolhendo ser misericordiosos para com todos, tal como Deus é misericordioso: "Sejam misericordiosos, assim como seu Pai é misericordioso" (Lc 6.36).

"prefiro morrer a ver"

REBECA

REBECA

"prefiro morrer a ver"

Estou cansada dessas mulheres hititas que vivem aqui! Prefiro morrer a ver Jacó se casar com uma delas!

Gênesis 27.46

Após Jacó enganar a seu pai Isaque, recebendo as bênçãos de primogênito, seu irmão, Esaú, para quem as bênçãos estavam reservadas, passa a querer matá-lo (Gn 27.41). A mãe deles, Rebeca, vê o perigo, e decide estabelecer um plano: percebendo que Esaú planejava matar Jacó (Gn 27.42), orienta que Jacó fuja para a casa de seu tio, Labão (Gn 27.43), e fique lá até que a fúria de Esaú tenha passado (Gn 27.44).

Porém, para além de falar com Jacó, ela decide falar com seu marido, Isaque, a fim de fazer com que parecesse que a ideia foi dele. Pois, se Jacó fosse para lá por ordem de seu pai, ele não sairia como fugitivo[188]. Por isso ela chega até seu marido e declara: "Estou cansada dessas mulheres hititas que vivem aqui!", referindo-se às esposas de Esaú, e: "Prefiro morrer a ver Jacó se casar com uma delas!". O resultado foi conforme ela planejou: Isaque chama a Jacó e o envia para Padã-Arã, onde vivia Labão, a fim de não casar "com uma mulher cananita" (Gn 27.1).

---

[188] MORAES, Reginaldo Pereira de. *O direito de primogenitura no Antigo Testamento, à luz das narrativas sobre Esaú e Jacó (Gn 25.19-34 e 27.1-45)*. Dissertação — Mestrado em Teologia. São Leopoldo: Escola Superior de Teologia, 2012, p. 119.

Uma história bastante curiosa, que mostra uma mulher que faz um plano elaborado no qual dizer para o marido que preferiria morrer foi, na visão dela, "um golpe de mestre"[189]. Tais palavras, em seu plano, funcionaram como um apelo ao seu marido, como se tivesse dito: "Por favor, resolva essa situação, pois não posso suportá-la"[190]. Porém, não podemos ignorar a escolha das palavras que ela faz, apelando ao emocional do seu esposo ao indicar que seu desejo seria a morte, afirmando: "prefiro morrer".

Ela conseguiu, de fato, deixar Isaque preocupado não apenas com "a perspectiva de uma terceira nora heteia", que foi sua desculpa, mas principalmente com a possibilidade de uma "esposa perturbada"[191] por esse problema. Assim, Rebeca consegue fazer um "manejo persuasivo tanto do filho como do pai"[192], alcançando o que para ela foi uma verdadeira "vitória diplomática"[193], mas que envolveu a manipulação de seu esposo, tal como havia feito ao enganá-lo cobrindo Jacó com pelos de cabritos e vestindo-o com as roupas de Esaú (Gn 27.15-16).

Por mais que Rebeca tenha dramatizado para que seu marido fizesse aquilo que ela estava planejando, ao falar que desejava a morte apenas para manipulá-lo, sua atitude mostra uma pessoa desesperada, assim como também revela problemas familiares que dizem respeito à prevenção ao suicídio. Afinal, quando uma pessoa manipula seus familiares, estabelece uma relação doentia que pode ser extremamente perigosa, tendo até mesmo o risco de suicídio dependendo das circunstâncias e da situação.

---

189 KIDNER, Derek. *Gênesis: introdução e comentário*. São Paulo: Vida Nova, 2006 (Série Cultura Bíblica), p. 146.

190 KAPLAN; SCHWARTZ, 2000, p. 108.

191 KIDNER, 2006, p. 146.

192 KIDNER, 2006, p. 145.

193 KIDNER, 2006, p. 146.

REBECA, ISAQUE E JACÓ: A MANIPULAÇÃO

Não são poucos os que, após um término de namoro ou um divórcio, afirmam que vão tirar suas vidas. E, por mais que essas afirmações possam parecer pura chantagem, também não são poucos os que realmente fazem isso. Na cidade de Vitória — cidade de origem de um de nós dois (Renato) —, por exemplo, houve muitos casos de suicídio por desilusão amorosa com um mesmo método: decidiram jogar seus carros em alta velocidade contra postes protegidos com manilhas de cimento. Trata-se de uma medida desesperada, resultante de uma pessoa que, saindo de carro com os sentimentos aflorados pelo que estava passando, decidiu tirar sua própria vida.

Em muitos casos, tais ações são realizadas após ameaças explícitas como "É melhor eu morrer e acabar com tudo", ou mesmo implícitas, tais como "Vou fazer uma besteira". Tanto tais ações como as ameaças são fruto de um sentimento de posse para com o outro, o qual, ao ser rompido pela separação, gera um desespero pela perda do controle sobre o parceiro, fazendo com que tais pessoas desejem a morte como meio de "punir alguém com a culpa imposta pelo suicídio"[194], a fim de terem sua importância retomada por quem as deixou. Em situações assim, tais pessoas precisam ser encaminhadas para suporte espiritual, médico e psicológico[195].

Tal situação pode acabar aparecendo, porém, para além de uma ruptura drástica como o divórcio naquilo que Carlos "Catito" Grzybowski denomina "escalação sacri-

---
194 SOBRINHO, 2019, p. 108.
195 *Ibid.* p. 108.

ficial": trata-se de um "um sistema de vitimização que ocorre em relacionamentos simétricos, nos quais existe pouca concordância em relação às posições que as pessoas assumem e, assim, ambos acabam se sentindo vítimas"[196].

Na prática, isso se apresenta com um ou mais membros de uma família buscando ocupar o lugar de "vítima", vitimizando-se de forma progressiva, podendo chegar, inclusive, ao suicídio, a fim de alguém se afirmar como detentor da posição mais extrema de vítima. Algo que é evidentemente absurdo, mas que ocorre como resultado do estabelecimento de uma lógica de insanidade dentro da qual estas famílias se inserem, muitas vezes por anos e anos.

Quando há mais de uma pessoa da família a se "vitimizar", o problema se torna ainda maior, uma vez que se estabelece "uma 'dança' escalonada de tentativa contínua de superar o outro no papel de vitimização"[197]. Por conta disto, é possível que pais e mães não deem atenção aos problemas de seus filhos, minimizando-os ao mesmo tempo que buscam enfatizar, engrandecer e superdimensionar seus próprios problemas, a fim de se afirmarem como as verdadeiras "vítimas" da família.

Em famílias que se encontram dentro deste sistema, as pessoas que se afirmam como vítima assumem o papel de "sujeitos sofridos, impotentes, desamparados e magoados"[198]. E, por essa razão, sua atenção se con-

---

[196] GRZYBOWSKI, Carlos "Catito". Quando quem ganha perde: o suicídio como resultado do jogo disfuncional intrafamiliar. In: GRZYBOWSKI, Carlos "Catito". *Quando a dor se torna insuportável: reflexões sobre por que pessoas se suicidam.* São Leopoldo: Editora Sinodal, 2019, p. 67-73 [71].
[197] *Ibid.* p. 71.
[198] *Ibid.* p. 71.

centra tanto nos outros, que acabam não desenvolvendo sua própria identidade, deixando de definir quem são ou o que querem, para além da família.

Assim, estabelece-se uma dependência doentia, que se expressa, inclusive, no sentimento de posse sobre os demais membros da família, que passam a ser vistos como "ingratos" por não corresponderem àquilo que a "vítima" acredita fazer em prol da família, ou como "insensíveis" por não darem o foco devido ao seu sofrimento. E, inversamente, tal vitimização pode levar os outros membros da família a colocarem sobre si a responsabilidade total da família, sobrecarregando-se doentiamente.

Nós mesmos já vimos isso acontecer em uma família que, vivendo em uma vitimização por parte dos pais, resultou em uma carga de responsabilidade sobre um dos filhos, que ocupou as responsabilidades paternas, invertendo completamente os papéis com seus pais. Algo que não somente prejudicou que o filho vivesse sua adolescência plenamente, mas também estabeleceu fluxos errados nas relações, uma vez que este filho passou a ser o intermediário entre seu pai e sua mãe, ocupando um lugar indevido e que prejudicou a todos dentro do sistema familiar.

O resultado disso é uma relação familiar não apenas doentia, mas perigosa. Pois, para além de poder tornar a convivência em algo insuportável, pode resultar no atentado de alguém contra a própria vida. Tanto por parte de alguém que se sobrecarrega no sistema familiar, como por parte de uma das "vítimas". Um perigo o qual, sendo sentido por outro membro da família — até mesmo pela ameaça que a "vítima" pode fazer de tirar a sua própria vida —, muitas vezes faz com que este outro membro da família se sujeite às manipulações da "vítima", a fim de evitar uma tragédia.

Porém, a estrutura de vitimização também pode ir para além da família, incluindo as relações da "vítima" com seu médico ou, inclusive, com seu pastor. Não é difícil de alguém que sofre julgar aqueles que supostamente têm a responsabilidade de ajudá-lo. Assim como podem julgar seus familiares, muitas pessoas que passam por situações de sofrimento julgam aqueles que lhes ajudam espiritualmente — pastores, padres, capelães etc. — por sua aparente indisponibilidade como um grande defeito e um descaso, vitimizando-se. É o que vemos, por exemplo, em um relato de Kübler-Ross da conversa entre um paciente e um capelão:

> *Paciente*: — Tudo bem. No caso dos ministros, acredito que haja menos chance de um encontro quando se precisa deles do que no caso de um psiquiatra, o que é peculiar, pois supomos que um ministro não seja remunerado, ao passo que supomos que o psiquiatra só atenda por uma certa quantia. Portanto, temos aí um cidadão que ganha dinheiro, durante o dia, à noite, à hora que quiser, bastando apenas um acordo para que atenda também de noite. Agora, tente arrancar um ministro da cama durante a noite.
>
> *Capelão*: — Está me parecendo que sofreu decepções com religiosos.
>
> *Paciente*: — O atual pastor lá da igreja é muito bom, mas o problema é que vive rodeado de um bando de filhos. Pelo menos quatro. Quando é que ele pode sair? E me falam de jovens que estu-

> dam no seminário etc. Não são muitos. Na verdade, foi um tanto difícil conseguir alguns para o trabalho de educação cristã. Mas acho que se a Igreja fosse operante não teria dificuldade em arrebanhar jovens.

Por mais exagerado que seja, é comum pessoas que sofrem julgarem aqueles que os cuidam até mesmo reclamando (mesmo que apenas para si mesmos) do fato de terem outras responsabilidades, como "um bando de filhos" para cuidar, ou jovens para pastorear, como este paciente indicou. E, por mais incrível que pareça, também é comum que estas pessoas desejem passar por uma situação de "abandono" por parte daqueles que lhe cuidam, a fim de terem com o que se "vitimizar". Afinal, uma vítima pode não ter limites em sua vitimização, e pode colocar seu "vitimismo" acima até mesmo do seu bem-estar.

Para nós, que lemos o texto bíblico e sabemos o pano de fundo, parece que Rebeca estava apenas chantageando Isaque, o qual estava sendo enganado. Porém, pode bem ser que Isaque, que conhecia sua esposa, soubesse que sua mulher não tinha limites para impor sua vontade sobre sua família. Ela, pelo que parece, sabia atuar bem no papel de vítima, e bem poderia colocar seu desejo acima de seu bem-estar, assim como do bem-estar de sua própria família. Afinal, parece que ela não tinha limites para fazer sua vontade imperar em seu núcleo familiar.

De fato, quando lemos o capítulo 27 de Gênesis, vemos que até mesmo Jacó, seu filho querido, foi manipulado por ela, quando eles esquematizaram para que Isaque, seu marido, fosse enganado. E, questionada por Jacó que Isaque poderia descobrir o plano e o amaldiçoar, Rebeca chegou a declarar: "Que caia sobre mim essa maldição, meu filho! Apenas faça o que lhe digo" (Gn 27.13). Palavras de uma mulher desesperada que faria de tudo para realizar sua vontade sobre sua família. Algo que não deve ser louvado como uma qualidade, pois deve ser visto como um defeito bastante perigoso, e como uma característica que, infelizmente, tem se tornado comum em famílias disfuncionais.

ISAQUE E ESAÚ; REBECA E JACÓ: PREFERÊNCIA E NEGLIGÊNCIA

Dentro do ambiente familiar, um dos grandes perigos é a preferência por determinado filho, devido às consequências que isto pode ter. O desprezo por parte do pai ou, principalmente, por parte da mãe, pode ter consequências terríveis na vida de alguém: pode gerar um sentimento de rejeição, causar rebeldia, ou até mesmo levar a pessoa, em casos extremos, a uma depressão, condicionando-a a um perigoso risco de suicídio.

É o que um de nós viu como possível causa primária da depressão e desejo pela morte por parte de um amigo, o qual foi abandonado pela mãe quando ainda era bebê. Algo que, mesmo tendo sido dirimido pela criação por parte da avó, não foi plenamente resolvido, só tendo sido tratado, muitos anos depois, pelo amor de Deus, na leitura de Isaías 49.15 e Salmos 27.10.

Em alguns casos, a negligência de um filho por parte da mãe pode ser decorrente de problemas emocionais desta, a exemplo da "depressão pós-parto", que pode ser perigosa não apenas para a criança, mas também para a mãe. Nestas situações, mesmo que tal negligência para com o filho seja decorrente de questões emocionais que precisam ser tratadas, ela pode resultar em um profundo sentimento de culpa. E tal culpa, junto a outros sintomas da depressão pós-parto, tais como tristeza profunda, angústia e ansiedade, precisa ser cuidada com atenção, uma vez que é um fator de risco de suicídio. Sendo assim, é fundamental que venhamos a saber como reconhecer uma mãe precisando de ajuda[199].

Na história da família de Rebeca, vemos que a preferência e rejeição não se deu desde o nascimento das crianças (como muitas vezes acontece), mas marcou as relações a partir do crescimento de Jacó e Esaú, cada qual mais próximo de um dos pais e, consequentemente, recebendo sua preferência: "Os meninos cresceram. Esaú se tornou um caçador habilidoso que vivia ao ar livre, enquanto Jacó era mais pacato e preferia ficar em casa. Isaque amava Esaú porque gostava de comer a carne de caça que ele trazia, mas Rebeca amava Jacó" (Gn 25.27-28).

É interessante observarmos que, apesar de o texto explicitar a razão da preferência de Isaque por Esaú, a preferência de Rebeca por Jacó está implícita. É evidente que o mais provável seja que tal amor foi decorrente da convivência entre Jacó e sua mãe, já que, diferentemente de Esaú, que gostava de caçar, "Jacó era mais pacato e preferia ficar em casa". Um amor por convivência, realizando as atividades juntos e dividindo experiências.

De fato, a preferência da mãe pelo filho mais sensível e que é mais presente dentro de casa é "um fenômeno

---
199 Cf. PINHEIRO, Chloé. Suicídio no pós-parto: como reconhecer uma mãe precisando de ajuda. *Bebê.com.br*, 13 de setembro de 2019. Disponível em: <https://bebe.abril.com.br/familia/setembro-amarelo-como-reconhecer-e-auxiliar-uma-mae-precisando-de-ajuda/>. Acesso em: 22 de maio de 2021.

facilmente observado pelos estudiosos", como lembra Albert Friesen[200], podendo ter várias causas. Neste caso, possivelmente foi a falta que sentia pela distância de sua família e a falta de afeto por parte de seu marido que fizeram com que Rebeca se apegasse ao seu filho Jacó, estabelecendo uma espécie de "codependência" com ele.

Este tipo de situação é bastante comum nas relações familiares, nas quais um filho passa a ser o preferido da mãe, aprendendo a cozinhar e ocupando funções junto com esta, em oposição a outro(s) filho(s) que ocupa(m) funções com o pai, ou então desfrutando, mais do que o outro, dos frutos da ação materna. Uma situação cujas consequências podem ser não somente os resultados da ausência materna nos demais filhos, mas também os resultados da ausência paterna e, inclusive, da superproteção materna neste filho preferido pela mãe, que costuma, muitas vezes, desenvolver uma personalidade feminilizada ou infantilizada.

Porém, ao mesmo tempo, a construção do texto parece indicar que a preferência de Rebeca por Jacó se deu como uma consequência da preferência de Isaque por Esaú: Esaú era amado por Isaque, seu pai, "mas Rebeca amava Jacó". É quase como se, a despeito da preferência de Esaú por parte de seu pai, Jacó não estivesse completamente desamparado, já que tinha o amor de sua mãe Rebeca. É como se ela tivesse escolhido amá-lo, a fim de ele não ser rejeitado. Algo que muitas mães e pais fazem, tentando equilibrar a família e a enquadrando em uma polarização perigosa.

---
200 FRIESEN, Albert. Duas famílias dos tempos bíblicos. In: FRIESEN, Albert; GRZYBOWSKI, Carlos "Catito"; OLIVEIRA, Roseli M. Kühnrich. *De bênçãos e traições: a história das famílias de Abraão, Isaque e Jacó*. Curitiba; Viçosa: Esperança; Ultimato, 2006, p. 59-90 [82].

De fato, "quando um subsistema" familiar, por alguma razão, "se divide, as forças orientadas numa direção recebem uma reação, em sentido contrário, com a mesma intensidade ou ainda maior"[201]. Ou seja, quando um pai decide dar preferência por um filho, o outro pai tende a dar preferência para o outro filho, a fim de "equilibrar" as coisas, mesmo que inconscientemente. E, da mesma forma, a divisão entre os pais pode também resultar na divisão entre os filhos, de modo que o sistema matrimonial dividido estabelece um sistema fraternal dividido, que acompanha a divisão familiar[202].

Sendo assim, podemos pensar que "os posicionamentos que os pais tomaram na tratativa" do conflito entre Esaú e Jacó "foi, de fato, um agravante"[203]. E, muitas vezes, o modo com que alguns pais interferem no conflito entre dois irmãos acaba agravando ainda mais o problema. Porém, os posicionamentos dos pais de Esaú e Jacó foram, também, causas para o próprio conflito. Afinal, a trama feita por Jacó e Rebeca apenas era um resultado da preferência que ela já tinha estabelecido, em contrapartida à preferência de Isaque por Esaú.

Assim, a preferência por um dos filhos pode estabelecer uma constituição familiar polarizada, cujas consequências podem ser desastrosas. Um de nós conhece, por exemplo, alguém que, ao nascer, recebeu a preferência de seu pai, uma vez que seu meio-irmão era filho apenas de

---

201 FRIESEN, 2006, p. 83.
202 FRIESEN, 2006, p. 83.
203 GOÉS FILHO, José Antonio de. Isaque e Rebeca: um casal dividido pelo amor por seus filhos. *Estudos Bíblicos*, Ultimato. s.d. Disponível em: <https://ultimato.com.br/sites/estudos-biblicos/assunto/vida-crista/isaque-e-rebeca-um-casal-dividido-pelo-amor-por-seus-filhos/>. Acesso em: 31 de maio de 2021.

sua mãe. A rejeição do filho "adotado" pelo nascimento do filho "legítimo", por parte do pai, fez com que a mãe tivesse uma reação contrária: além de dar preferência ao seu primeiro filho, rejeitou aquele segundo filho mais do que qualquer outro dos vários que teve, quase como uma inconsciente para estabelecer a "balança" familiar.

Tal preferência pelo outro (pai ou mãe), porém, não é a devida solução. A "balança" não é ajustada, pois todos os filhos precisam receber o amor de ambos os pais. Afinal, pai e mãe exercem funções diferentes na constituição familiar e, inclusive, na constituição da personalidade pessoal. É o que se pode perceber na história desse amigo querido, o qual, tendo sido rejeitado por sua mãe — mesmo sendo o preferido do pai —, sofreu profundamente com a rejeição, podendo ser uma das causas para seu desejo pela morte e até suas tentativas de suicídio.

Tal situação, muitas vezes causada por uma doença ou amargura por um dos cônjuges, causa um sentimento de orfandade na criança que, por causa disto, pode ser considerada uma criança órfã com pai e mãe[204] e que, por mais estranho que pareça, pode ser ainda pior que o desconhecimento dos pais. Uma situação que é conhecida também como "síndrome da alienação parental", e que pode ser considerada como um dos fatores de risco de suicídio de adolescentes. Afinal, conforme dados apontados pelo Instituto Brasileiro de Direito de Família (IBDFAM):

---

[204] MORAES, Reginaldo Pereira de; SANTOS, Vania Jacobs dos. Crianças órfãs com pai e mãe: um novo desafio para a educação eclesial. In: SOUZA, Edilson Soares de; RUPPENTHAL NETO, Willibaldo. *Cuidando de vidas: pesquisas nas áreas de teoria e prática do cuidado pastoral*. Curitiba: FABAPAR, 2015, p. 185-199 [188].

> A taxa de suicídio (ou tentativa, para chamar a atenção ou suprir a carência paternal e tentativa de reaproximar os pais ou simplesmente vê-lo 'fora dos dias de visitação' e se sentir verdadeiramente amada) entre 16 e 19 anos de idade triplicou nos últimos 5 anos, sendo que de um em cada quatro suicídios ou tentativas de autoextermínio, três ocorreram em lares de pais ausentes ou distantes.[205]

Trata-se de uma situação que pode se dar por "orfandade por omissão", quando após o divórcio dos pais, por exemplo, um deles não marca presença ativa na vida da criança, mas também pode se dar mesmo com a manutenção do casamento dos pais, pela preferência por determinado filho e rejeição de outro, ou dos demais. Algo que muitas vezes não é percebido pelos pais, que apresentam, inclusive, as mais diferentes justificativas como a dificuldade em relação ao tempo, a sua imaturidade, ou ainda as suas necessidades.

REBECA E JACÓ: POSSE E DEPENDÊNCIA

É claro que a preferência de Rebeca tinha suas justificativas. Afinal, ela não somente podia afirmar que Isaque também tinha seu preferido, mas podia também afirmar que buscava realizar a palavra de Deus de que o mais velho serviria o mais novo (Gn 25.23). Algo que um de nós já viu: uma mãe justificando a preferência por determinado filho vinculando isso a uma profecia de que este seria um "homem de Deus".

---

205 PINHO, Marco Antônio Garcia de. Alienação parental. *Jus Navigandi*, Teresina, ano 14, n. 2221, 31 jul. 2009. Disponível em: <http://jus.com.br/revista/texto/13252>. Acesso em: 15 de maio de 2021.

É como o sentimento de posse que muitos têm em relação a seus filhos, obrigando-os a seguirem o caminho que querem para estes, justificando tal sentimento pela afirmação de que, pela experiência, pode saber mais do que o filho a respeito do que é o melhor para ele. Algo que leva muitos pais a imporem sua vontade sobre os filhos, até mesmo no que diz respeito às suas profissões.

Conhecemos, inclusive, um caso de alguém que, tendo sido obrigado pelo pai a fazer o curso de Direito, em sua formatura entregou seu diploma e se despediu de seu pai, deixando-o com rancor: "Está aqui o seu diploma", disse ele ao seu pai, e nunca mais falou com ele. Em seguida, este filho foi realizar seu sonho, estudando aquilo pelo qual era apaixonado, entendendo que não seria no Direito que encontraria a realização profissional. E quantos são aqueles que, tal como ele, mantêm ainda hoje um rancor pelo pai ter agido de forma possessiva? Ou ainda aqueles que, tendo obedecido aos pais, vivem de forma frustrada, como se estivessem vivendo a vida de outra pessoa, não vendo sentido naquilo que fazem? Problemas que, apesar das justificativas dos pais terem sua razão, permanecem e deixam suas consequências.

Apesar de suas justificativas, a preferência de Rebeca por Jacó gerou também um grande problema em seu matrimônio, fazendo com que "o subsistema matrimonial de Isaque e Rebeca" estivesse "dividido contra si mesmo"[206]. Como resultado, em vez de terem uma boa relação dentro de um sistema familiar sadio, Isaque e Rebeca parecem estar presos a uma relação de dependência com seus filhos, pois enquanto o "pai se preocupava

---

[206] FRIESEN, 2006, p. 82.

em satisfazer as vontades do seu predileto", "a mãe, por sua vez, cuidava dos interesses do filho amado"[207]. Uma dependência perigosa por várias razões, desde o desejo de morte pelo pai com a perda ou afastamento do filho preferido, até a vitimização para manutenção da estrutura desbalanceada da família.

No caso de Rebeca, a solução só se deu por ela ter entendido algo que se tornou claro para si mesma: que, "para salvar seu filho querido", teria "que perdê-lo, enviando-o para bem longe"[208]. Ela, que tanto amava Jacó, tem de se colocar no risco de nunca mais ver seu filho — como de fato será, pois "nunca mais tornaria a ver"[209] Jacó. Porém, esta consciência só foi alcançada por se estar em uma situação drástica: ela só admitiu que seu filho teria que ir embora quando Jacó estava sob risco de morte — foi necessária, portanto, uma situação extrema para que aquele vínculo doentio fosse cortado por meio do afastamento. Algo que pode ser simbólico para a despedida que muitas mães apegadas aos seus filhos precisam fazer, para o bem destes e de si mesmas.

Afinal, muitas mães superprotetoras podem se tornar verdadeiros problemas se não compreenderem que devem, progressivamente, se tornar desnecessárias para seus filhos. Devem criar os filhos "para o mundo", como alguns costumam dizer, em vez de criá-los para ficarem com elas para sempre. A incompreensão desta necessidade de distanciamento progressivo e, às vezes, de uma ruptura, pode gerar relacionamentos doentios entre mães (ou pais) e filhos (ou filhas), que vão para além do

---
207 FRIESEN, 2006, p. 83.
208 MORAES, 2012, p. 119.
209 KIDNER, 2006, p. 146.

casamento, e que podem até mesmo gerar situações de depressão. Pois, da mesma forma que é importante as pessoas planejarem suas aposentadorias, os pais e mães devem planejar a independência progressiva dos filhos, para que se preparem para algo que, caso não seja bem planejado, terá de ser repentino.

Para além disso, porém, talvez o envio de Jacó para a casa dos parentes de Rebeca tenha sido uma forma de ela realizar, através dele, o desejo de visitar seus familiares[210]. É difícil dizer! Assim como é difícil sabermos se a superdependência estabelecida entre Rebeca e Jacó não teria sido atenuada se Isaque tivesse permitido que ela tivesse visitado seus parentes, ou mesmo se tivesse suprido suas necessidades de afeto[211]. O fato é que, apesar de não sabermos a resposta para tais suposições sobre as histórias bíblicas, podemos afirmar que o respeito e o amor, assim como o cuidado devido dos cônjuges pode não somente prevenir situações complicadas dentro do sistema familiar decorrentes de carência, mas também pode sanar muitas consequências destes problemas.

Porém, caso tais problemas já estejam instalados em sua família, cabe ter sabedoria para buscar ajuda, não somente pastoral, mas também, caso necessário, terapêutica, para que cortes, ajustes e alinhamentos sejam feitos. Afinal, é fundamental que nossa família esteja sadia, uma vez que a família não somente é "quem dará continuidade ao trabalho"[212] terapêutico, ajudando aquele que sofre

---
210 FRIESEN, 2006, p. 84.
211 FRIESEN, 2006, p. 84.
212 SOUZA, José Neivaldo de. Família e cuidado pastoral. In: SOUZA, Edilson Soares de; RUPPENTHAL NETO, Willibaldo. *Cuidando de vidas: pesquisas nas áreas de teoria e prática do cuidado pastoral*. Curitiba: FABAPAR, 2015, p. 91-103 [101].

a melhorar, mas é, igualmente, uma das principais ferramentas na prevenção ao suicídio. Por isso, entenda a importância da sua família, e entenda a importância de sua família estar saudável emocionalmente. Pois a saúde emocional da família é fundamental no tratamento de problemas emocionais de seus membros.

"por que eu nasci?"

JEREMIAS

JEREMIAS

"por que eu nasci?"

> Quem dera eu tivesse morrido no ventre de minha mãe e seu corpo tivesse sido minha sepultura! Por que eu nasci? Toda a minha vida é apenas sofrimento, tristeza e vergonha.
>
> Jeremias 20.17-18

Quando pensamos em lamento na Bíblia, lembramos de Jeremias. Ele, que é o autor não apenas do livro que leva o seu nome, mas também do livro de Lamentações, é muitas vezes chamado de "profeta chorão". Afinal, dentre os profetas, ele é o que parece mais lamentar e chorar diante de Deus. Porém, seu lamento não é nenhum exagero, e, sim, resultado de um sofrimento terrível.

Em vez de "chorão", ele deve ser visto como um profeta forte, que suportou sobre si um ministério marcado pelo sofrimento e anúncio da desgraça. Até porque, apesar de ter inúmeros motivos para desistir — e muitos teriam desistido! —, ele, "apesar de se queixar a Deus e questionar por que seu trabalho era tão árduo e sofrido, nunca abandonou o seu chamado"[213].

Repreendendo reis, profetas e sacerdotes, Jeremias se viu como alvo de várias dificuldades como: perseguição, conspirações, aprisionamento, ser declarado como digno de morte, ter suas profecias destruídas, ser acu-

---

213 BUHR, João Rainer. O sofrimento de Jeremias. *Revista Batista Pioneira*, v. 6, n. 2, 2017, p. 371-382 [380].

sado de traição, etc[214]. E, diante de tanto sofrimento e dificuldades, a reação do profeta não foi apenas chorar, mas também: interceder por Judá, discutir com Deus, desmascarar e enfrentar falsos profetas, predizer a destruição do Templo de Jerusalém, e predizer a destruição de toda a nação[215].

Ele foi, portanto, um homem corajoso, que fez a vontade de Deus e que sofreu profundamente em virtude disso. Porém, Jeremias se mantinha firme, apesar de toda a oposição e perseguição, pois "fazia a vontade de Deus e não a do povo"[216]. Por isso, pode-se dizer que "sua perseverança e foco em seu chamado são exemplos dignos de serem imitados"[217], servindo de exemplo para os pastores que, hoje, passam por dores e angústias.

Em função de tanto sofrimento, ele recebe, já no seu tempo, um apelido: "Homem que Vive em Terror" (Jr 20.10). Afinal, anunciando apenas desgraças, ele passa a ser visto como alguém que tem apenas o terror diante dos seus olhos. Frente a isso, Deus manda que Jeremias diga a Pasur, o sacerdote, que é ele o "Homem que Vive em Terror" (Jr 20.3)[218], ou "Terror-Por-Todos-Os-Lados" (Jr 20.3, ARA), pois seria Pasur que veria Jerusalém ser saqueada e seus amigos mortos. Assim, "o povo estava usando esta expressão a respeito de Jeremias, mas ele

---

214 GUSSO, Antônio Renato. *Os profetas maiores: introdução fundamental e auxílio para a interpretação.* Curitiba: A. D. Santos Editora, 2014, p. 49.
215 GUSSO, 2014, p. 49.
216 GUSSO, 2014, p. 49.
217 BUHR, 2017, p. 381.
218 A versão ARA traz o apelido de Pasur como sendo "*Terror-Por-Todos-Os-Lados*" (Jr 20.3, ARA) e em Jeremias 20.10 não coloca tais palavras como a forma com que "*chamam*" (Jr 20.10, NVT) Jeremias, mas como uma "*murmuração*" das pessoas: "*Há terror por todos os lados!*" (Jr 20.10, ARA).

vira esta palavra contra Pasur"[219].

Porém, por mais que Pasur seja, da parte de Deus, o "Homem que Vive em Terror", não podemos deixar de considerar o efeito do terror dentro de Jeremias. Ele, que anuncia o terror, vive um dilema profundo: sabe que Deus fará justiça, vingando-o, mas também sabe que o sofrimento lhe aguarda. Assim, no meio de seu sofrimento, apresenta a Deus um lamento com profunda tristeza, no qual declara: "Quem dera eu tivesse morrido no ventre de minha mãe e seu corpo tivesse sido minha sepultura! Por que eu nasci? Toda a minha vida é apenas sofrimento, tristeza e vergonha" (Jr 20.17-18).

JEREMIAS E O LAMENTO: O DESESPERO

O lamento de Jeremias é uma marca de seu ministério, de modo que não vemos o todo de seu ministério se não vemos sua pessoa, para além de suas profecias, e se não lemos, para além do livro de Jeremias, o livro de Lamentações. Afinal, apesar de o livro de Jeremias não se concentrar no profeta, não sendo um livro biográfico, "é visível a relação entre a pessoa do profeta em si e sua mensagem teológica"[220], de modo que neste livro podemos ver que a "tradição registra, comparativamente, mais pormenores acerca do seu destino e personalidade

---

219 PLAMPIN, Richard Thomas. *Jeremias: seu ministério, sua mensagem.* Rio de Janeiro: JUERP, 1987, p. 74. Gordon McConville pensa no sentido oposto: "talvez seja aqui um nome sarcástico aplicado a ele, usando as mesmas palavras que ele tinha usado para Pasur". McCONVILLE, Gordon. Jeremias. *In:* CARSON, D. A.; FRANCE, R. T.; WENHAM, G. J. *Comentário Bíblico Vida Nova.* São Paulo: Vida Nova, 2009, p. 1014-1069 [1040].

220 BAUMANN, Igor Pohl. Os desafios de leitura e interpretação de Jeremias. *Revista Batista Pioneira,* v. 4, n. 1, 2015, p. 91-112 [96].

do que para qualquer outro profeta"[221]. E, no que diz respeito à pessoa de Jeremias, não podemos ignorar seu sofrimento, expresso especialmente em suas Lamentações.

Quando lemos o livro de Lamentações, vemos que ele "é um testemunho da cidade destruída e do caos estabelecido"[222], pois, como é anunciado logo no começo do livro, "a cidade que antes era cheia de gente agora está deserta" (Lm 1.1). E, por mais que o sofrimento fosse evidente naqueles que foram levados cativos, aqueles que ficaram, como Jeremias, também sofreram profundamente. Jeremias não é "chorão" por lamentar o que viu, pois o que viu foi realmente traumatizante e desesperador: "Chorei até que não tivesse mais lágrimas; meu coração está aflito. Meu espírito se derrama de angústia, quando vejo a calamidade de meu povo. Crianças pequenas e bebês desfalecem e morrem nas ruas" (Lm 2.11).

A imagem vista por Jeremias foi de guerra, vendo crianças morrendo de fome: "Clamam às mães: 'Estamos com fome e sede!'. Desfalecem nas ruas, como o guerreiro ferido na batalha. Lutam para respirar e morrem lentamente nos braços maternos" (Lm 2.12). Mesmo pedindo ajuda, desesperadas, as crianças não têm resposta: "A língua seca dos bebês gruda no céu da boca, por causa da sede. As crianças imploram por um pedaço de pão, mas ninguém as atende" (Lm 4.4). Uma imagem terrível, que é descrita por uma pessoa que foi "testemunha ocular, que parece estar tão chocada e revoltada pelo que viu que é incapaz de esquecê-lo"[223]. Um trauma que Jeremias levou consigo e que o fez sentir um desencanto com a vida.

---

[221] SELLIN, Ernst; FOHRER, Georg. *Introdução ao Antigo Testamento*. Santo André: Academia Cristã, 2007, p. 335.

[222] BAUMANN, 2015, p. 102.

[223] HARRISON, R. K. *Jeremias e Lamentações: introdução e comentário*. Trad. Hans Udo Fuchs. São Paulo: Vida Nova, 2006 (Série Cultura Bíblica), p. 172.

Imagens deste tipo não são lamentadas por alguém que é "chorão", mas por alguém que foi tão profundamente impactado e que simplesmente não consegue esquecer o que viu, de modo que acaba sofrendo com tudo que vivenciou. Não é à toa que desde o século XX se percebeu a importância de veteranos de guerra terem acompanhamento psicológico e terapêutico, uma vez que as consequências daquilo que viram na guerra não são fáceis de se lidar, especialmente sozinhos. A situação se tornou um verdadeiro problema de saúde pública nos Estados Unidos, uma vez que, após 2001, morreram mais veteranos de guerra americanos do que soldados em combate: 30.177 suicídios de veteranos de guerra em comparação a 7.057 mortes em operações de guerra[224].

O acompanhamento de veteranos é fundamental, uma vez que precisam de ajuda para lidar com tudo que vivenciaram e viram enquanto estiveram na guerra. Afinal, mesmo quando já voltaram para casa, acabam levando suas experiências junto em suas memórias. Jeremias e os demais judeus também viveram um desespero terrível em virtude das atrocidades que viram, carregando na memória situações assustadoras: mães devorando os filhos, por causa da fome; sacerdotes sendo mortos dentro do Templo (Lm 2.20); e, agora, após tudo ter "passado", permanecem os cadáveres estirados nas ruas para lembrar-lhes de que o terror permanece: "Estão jogados nas ruas, jovens e velhos, rapazes e moças, mortos pelas espadas do inimigo" (Lm 2.21).

---

224 SUIT, Thomas Howard. High Suicide Rates among United States Service Members and Veterans of the Post9/11 Wars. June 21, 2021. *Costs of War*, Brown University, Watson Institute. Disponível em: <https://watson.brown.edu/costsofwar/papers/2021/Suicides>. Acesso em: 5 de maio de 2021.

Porém, para além de tudo que viram, há um desespero em função daquilo que não conseguem ver: a *esperança*. Só se pode ver "terror por todos os lados" (Lm 2.22), tal como o apelido de Pasur e Jeremias. Há, portanto, um verdadeiro *desespero* como perda da esperança: um des-*esperar*. É como se só se pudesse ver trevas, e nem mesmo uma pequena luz no fim do túnel: "Ele me conduziu para a escuridão e removeu toda a luz" (Lm 3.2). Afinal, diante de tudo aquilo que viram, e do mal que aguardam, sentem como se não houvesse nada mais de bom para se esperar.

JEREMIAS E JERUSALÉM: A PERDA

Este sentimento de desespero de Jeremias e seus contemporâneos é uma emoção que muitas pessoas experimentam dentro de si por uma causa diferente: quando recebem a notícia de uma perda, uma doença terminal, ou de um problema irreversível. Em todos esses casos precisa haver um processo. Assim, do mesmo modo que o luto tem suas fases, a recepção da notícia de uma doença terminal ou de uma incapacitação tem as mesmas etapas, como indicou Elisabeth Kübler-Ross, as quais são: *negação e isolamento*; *raiva*; *barganha*; *depressão*; e *aceitação*[225].

Estas cinco etapas são conhecidas popularmente como "os cinco estágios do luto", mas na verdade são cinco passos no processo de se lidar com qualquer tipo de perda, seja pelo luto ou por uma tragédia, sendo estabelecidos como um modelo por Elisabeth Kübler-Ross, e

---

225 KÜBLER-ROSS, Elisabeth. *Sobre a morte e o morrer: o que os doentes terminais têm para ensinar a médicos, enfermeiras, religiosos e aos seus próprios parentes*. 9. ed. São Paulo: Editora WMF Martins Fontes, 2008.

por isso conhecidos também como "Modelo de Kübler-Ross". Um modelo cuja popularização foi importante para que as pessoas compreendessem que o luto, assim como a perda por uma tragédia, precisa receber atenção, por serem dificuldades que demandam tempo, envolvendo etapas e, portanto, sendo um processo.

Neste sentido, até mesmo doenças precisam ser encaradas como uma perda: a perda da saúde. Algo que pode gerar depressão e, inclusive, o desejo pela morte, para além das doenças emocionais: não são apenas as "doenças psíquicas" que são consideradas como fatores que podem causar predisposição ao suicídio, as "doenças físicas (terminais, dolorosas, debilitantes, incapacitantes, desaprovadas socialmente — como a AIDS)"[226] também são fatores que precisam da nossa atenção e cuidado.

Como bem lembra C. S. Lewis, "uma doença prolongada, mesmo sem sofrimento, faz exaurir a mente e o corpo"[227], quanto mais uma doença como o câncer que, para além de ser terminal, é acompanhada de sofrimento. O câncer é uma doença que culturalmente é associada à morte, já que o fato de ser terminal e a dificuldade do tratamento fazem com que não somente o doente, mas também quem o acompanha, sintam que estão de certo modo "morrendo" no processo. Algo que só é superado quando se escolhe, apesar da notícia, *abraçar a vida*, e não apenas "postergá-la", uma escolha que pode ser mais difícil para os parentes do que para aquele que está doente.

---

226 BERTOLOTE, 2012, p. 73.
227 LEWIS, 2009, p. 174.

A escolha da vida, porém, é possível. Pois, mesmo que toda doença possa trazer dor e sofrimento, pode também ser transformada como oportunidade de encararmos a vida de uma forma diferente. "O sofrimento", como bem lembra Jaime Fernández Garrido, "sempre faz parte da luta" contra uma doença, mas ele também "tem a qualidade muito especial de tirar o melhor e o pior de nós"[228]. Ou seja, ele pode ser aquilo que vai permitir que o nosso melhor apareça, desde que venhamos a "compreender isso ao atravessarmos o vale da dor e da enfermidade"[229].

De modo semelhante, mesmo que situações de amputação não causem dor, ou a dor possa ser contida, o sentimento de perda irrecuperável pode ser devastador. Assim, dentre as dificuldades enfrentadas pelos veteranos de guerra, há muitos casos de incapacitações e amputações, que geram dificuldades emocionais, pois são perdas em virtude de tragédias. Dificuldades que precisam de amparo e cuidado, não apenas físico, mas também emocional.

Trata-se de algo que é representado por Gary Sinise em sua atuação como o Tenente Dan Taylor no filme *Forrest Gump*, de 1994, um veterano de guerra que fica paraplégico e cujo sofrimento e aceitação são representados no filme. Tal atuação não somente marcou a vida de Sinise, mas também o levou a fundar a *Gary Sinise Foundation*, em amparo a veteranos de guerra e seus familiares.

No caso de Jeremias, vemos alguém cujas perdas marcaram o coração e voltam à mente constantemente: "Como é amargo recordar meu sofrimento e meu desamparo! Lembro-me sempre destes dias terríveis enquanto

---

[228] FERNÁNDEZ GARRIDO, Jaime. *Esperança em tempos de enfermidade*. Trad. Angela Mitt. Curitiba: Ministérios Pão Diário, 2021, p. 6.
[229] FERNÁNDEZ GARRIDO, 2021, p. 6.

lamento minha perda" (Lm 3.19-20). Porém, mesmo assim, Jeremias busca olhar para além da dor e daquilo que perdeu, buscando reestabelecer sua esperança em Deus: "Ainda ouso, porém, ter esperança quando me recordo disto: O amor do Senhor não tem fim! Suas misericórdias são inesgotáveis" (Lm 3.21-22). Mesmo sendo rodeado pelo desespero, busca lembrar a si mesmo que "talvez ainda haja esperança" (Lm 3.29).

Jeremias é aquele que literalmente esteve no fundo do poço! Um poço sem água, mas com lama, na qual ele ficou atolado (Jr 38.6). Porém, simbolicamente, Jeremias também usa a imagem do poço para falar de seus sentimentos de perda: se sente como se estivesse novamente no fundo do poço, com a água subindo: "Num poço me jogaram e atiraram pedras sobre mim. A água subiu acima de minha cabeça e clamei: 'É o fim!' Mas, lá do fundo do poço, invoquei teu nome, Senhor" (Lm 3.53-55). Ou seja, mesmo estando no fundo do poço, Jeremias conseguiu ter esperança; mesmo não vendo luz alguma no fim do túnel, Jeremias confiou que o túnel teria um fim.

Quando encaramos uma perda, podemos ter nossa luz aparentemente apagada por estarmos cobertos pela "mortalha das trevas". Isso não nos impede de crer, mas nos impede de ver o que cremos. É como no caso de um pastor que perdeu sua filha e, quando lhe perguntaram se ele ainda cria em Romanos 8.28, sua resposta foi: "'Sim, eu ainda creio', o pastor respondeu; 'mas por enquanto não me peça para pregar sobre isso'"[230]. Sua resposta foi como a do pai do endemoninhado, como bem lembra Ron Dunn: "Eu creio, mas ajude-me a superar

---

[230] DUNN, Ron. *Por que Deus não me cura? Uma visão bíblica sobre os mistérios da fé*. São Paulo: Estação do Livro; Mundo Cristão, 1999, p. 20.

minha incredulidade" (Mc 9.24)[231].

No meio do redemoinho de emoções nos quais aquele que perde algo ou alguém se encontra, pode-se ver para além da morte, mas isso não é fácil! Muitas vezes, em situações de doença terminal, o que se faz é apenas olhar para depois da morte, buscando negá-la, seja pela esperança na vida após a morte ou pelo suicídio como "fuga". Sobre isso, a psiquiatra Elisabeth Kübler-Ross chega a declarar:

> Enquanto a rejeição religiosa, ou seja, a crença no significado do sofrimento aqui na terra e a recompensa no céu após a morte, tem oferecido esperança e sentido, a rejeição propalada pela sociedade nada disso oferece, aumentando apenas nossa ansiedade, contribuindo para acentuar nosso senso de destruição e agressão: matar para fugir à realidade e ao confronto com nossa própria morte.[232]

Porém, seja na ideia da vida após a morte ou na tentativa de se tomar o controle da morte por meio do suicídio, trata-se de tentativas de rejeição da morte, e não sua devida aceitação, para se abraçar a vida que permanece. Afinal, mesmo que se tenha perdido a saúde — ou alguém — a vida permanece, e merece ser vivida. E, mesmo no caso cristão, é necessário que, aceitando-se a morte, também se aceite a vida, não apenas para depois da morte, mas também antes dela. Assim, por maior que seja o sofrimento por uma perda, é necessário que a pessoa busque perceber que ainda há *o que* viver e *para que* viver.

---

231 DUNN, 1999, p. 20.
232 KÜBLER-ROSS, 2008, p. 20.

JEREMIAS E O EXÍLIO: A ANGÚSTIA

No caso de Jeremias, a perda de sentido em relação a *o que* viver e *para que* viver se deu por conta do exílio. Afinal, mesmo que ele não tivesse sido levado para a Babilônia, vivia em um contexto marcado pelo saque da Judeia, até porque "o chamado exílio na história de Israel deixou marcas indeléveis não somente para o grupo que foi levado ao cativeiro, mas também para aqueles que permaneceram na terra"[233], a exemplo de Jeremias.

Por isso, o exílio pode ser considerado como o fato que não somente gerou uma profunda angústia dentro de Jeremias, mas também aprofundou dentro dele um sentimento de vazio existencial. Um vazio que é simbolicamente apresentado por Jeremias em palavras de dor, sentindo-se como se tivesse sido enterrado vivo: "Enterrou-me num lugar escuro, como os que há muito morreram" (Lm 3.6).

Porém, por mais que o vazio existencial de Jeremias tenha ocorrido por causa de um sofrimento profundo, há casos de um vazio que é fruto simplesmente de uma ausência de propósito. Segundo Viktor Frankl, o vazio existencial "manifesta-se principalmente num estado de tédio"[234], o qual pode ser percebido, por exemplo, na "neurose dominical". Tal neurose é "uma espécie de depressão que acomete pessoas que se dão conta da falta de conteúdo de suas vidas", uma percepção que geralmente ocorre em um momento de descanso, como o domingo

---
233 BAUMANN, 2015, p. 102.
234 FRANKL, Viktor. *Em busca de Sentido*. São Leopoldo: Sinodal, 2016, p. 131.

(por isso chama-se "neurose *dominical*"), que é "quando passa o corre-corre da semana atarefada e o vazio dentro delas se torna manifesto"[235].

Um exemplo neste sentido é o vazio experimentado pelos jovens que mergulham no prazer exagerado — com festas, drogas e sexo —, e que depois se veem em um estado de depressão quando estão sozinhos em seus quartos. Algo bastante comum, até porque "muitas vezes, a frustração existencial acaba em compensação sexual"[236]. Ou seja, muitos jovens tentam justamente preencher o vazio que sentem dentro de si mesmos com o prazer, mesmo que nem sempre tenham consciência disto, e mesmo que este preenchimento seja uma ilusão.

São modos de mascarar o vazio existencial através de um prazer imediato. Um prazer que prejudica mais do que ajuda. Afinal, sendo um prazer resultante da busca de saciedade imediata, acaba tendo fim em si mesmo, de modo que pode acabar sendo alcançado sem a pessoa pensar em suas consequências. Isso vale para aqueles que buscam se saciar nas drogas, e que desconsideram a vida de dependência que aquele prazer resultará, mas também vale para outros tipos de vícios, como a pornografia.

A pornografia gera, dentro de quem a "consome", uma visão mercantilista do sexo, não somente deturpando a forma com que a *sexualidade* é vista, mas também a forma com que o *outro* é visto. Afinal, na pornografia, como lembra Byung-Chul Han, o corpo do outro é visto como uma "mercadoria", e o outro é "sexualizado como

---

235 FRANKL, 2016, p. 132.
236 *Ibid.* p. 132.

objeto de excitação"[237]. Assim, a pornografia corrompe a nossa relação com o outro, dificultando, inclusive, o amor verdadeiro, uma vez que "não se pode amar o outro, a quem se privou de sua alteridade", pois só se poderá "consumi-lo"[238].

É triste vermos que o efeito da pornografia chega, inclusive, aos casamentos: muitos levam uma visão errada do sexo para dentro do casamento, transformando seu cônjuge, no ato sexual, em um verdadeiro objeto de prazer, esquecendo completamente, ou nem mesmo sabendo, da importância da troca e da reciprocidade no ato sexual. Isso faz com que o valor do sexo fique reduzido, sendo mantido como uma busca de prazer imediato, tal como a pornografia e a masturbação. Ou seja, pode-se dizer que, por conta da pornografia, há pessoas que, em vez de terem relações sexuais com seus cônjuges, apenas os usam como objeto, numa espécie de "masturbação sexual".

Porém, a "neurose dominical" não está restrita ao sexo, e não são apenas os jovens que podem sofrer com ela: um outro exemplo deste vazio existencial, completamente diferente da pornografia, é o daqueles que, quando se aposentam, entram em depressão. Assim, ao se darem conta da "ausência de trabalho", muitos acabam sentindo que perderam "o sentido para a vida"[239].

Com certeza, quem vê "de fora" pode pensar que isso não faz o menor sentido. Afinal, quem nunca se ima-

---
237 HAN, 2019a, p. 27.
238 HAN, 2019a, p. 27.
239 SILVA, Vardilei Ribeiro da; PAULA, Blanches de. Logoterapia e Teologia: uma hipótese autotranscendente para o aconselhamento pastoral junto às pessoas com tendências suicidas. *Revista Caminhando*, v. 25, n. 3, set./dez. 2020, p. 51-63 [55].

ginou aposentado, "livre" para aproveitar a vida sem ter a preocupação com o trabalho? Quem nunca pensou no que irá fazer quando se aposentar, seja morar no interior, viajar pelo mundo etc.? Por causa disso, podemos pensar que quem se aposenta sente somente alegria e pensa somente na sua liberdade, mas a realidade é bem mais complexa.

Apesar de algumas pesquisas terem questionado uma ideia exagerada de que se aposentar causa depressão — uma vez que seria errado pensar dessa forma —, há estudos que apontam para o fato de que, a partir da aposentadoria, pode-se ver um aumento na probabilidade de depressão de cerca de 40%[240]. Ou seja, pode haver uma relação entre depressão e aposentadoria, mesmo que não seja uma relação direta.

Certamente há elementos associados à aposentadoria que precisam ser considerados, como a falta de apoio da família, a falta de preparação da pessoa em relação ao futuro, e até mesmo frustração com a situação em que se aposenta[241]. Porém, se tivermos como foco a "vontade de sentido", destacada pela logoterapia, poderemos entender que a aposentadoria muitas vezes revela um problema já existente: o problema de alguém que, ao invés de *trabalhar para viver*, acabava *vivendo para trabalhar*, muitas vezes sem perceber.

É evidente que é fundamental trabalharmos em algo no qual vemos propósito. Afinal, é fundamental que

---

240 SAHLGREN, Gabriel H. *Work longer, live healthier: The relationship between economic activity, health and government policy*. London: Age Endeavour Fellowship; Institute of Economic Affairs, 2013 (IEA Discussion Paper n. 46), p. 7.

241 SILVA, Michele Macedo da; TURRA, Virgínia; CHARIGLIONE, Isabelle P. F. S. Idoso, depressão e aposentadoria: uma revisão sistemática da literatura. *Revista de Psicologia da IMED*, Passo Fundo, v. 10, n. 2, jul.-dez., 2018, p. 119-136.

o trabalho não seja apenas uma forma de sustento, mas também uma forma de realização. Porém, muitas vezes as pessoas se reduzem aos seus trabalhos, limitando o sentido de suas vidas à profissão que exercem, ou mesmo à empresa na qual trabalham. Assim, no momento em que se aposentam, a vida delas perde o sentido, ou pelo menos essa é a sensação que elas têm.

Em um vazio existencial, quando não vemos mais sentido para a vida, até mesmo o dinheiro pode perder seu valor, tal como é o sentimento de Jeremias em virtude da destruição de Jerusalém: "Como o ouro perdeu seu brilho! Até o ouro mais puro ficou embaçado. As pedras sagradas estão espalhadas pelas ruas" (Lm 4.1). Porém, tais palavras trazem outra verdade: que aquele que se sente vazio, também sente que seu valor não existe mais; sentir-se vazio é se sentir inútil e sem valor algum.

O "ouro" e as "pedras sagradas", na linguagem de Jeremias, são símbolos de Israel que "se considerava como sendo ouro puro e pedras preciosas"[242], mas que, em meio às nações, seriam como um metal qualquer. Assim, para além do saque dos estrangeiros tirar os bens de Israel, este também tirou sua autoestima, de modo que para "os que se consideravam ouro de alta qualidade, o tipo de experiência que os nivelou com metal comum à vista dos seus inimigos foi de terríveis proporções psicológicas e espirituais"[243].

Do mesmo modo, muitos que se consideram melhores do que os outros naquilo que fazem, podem simplesmente perder seu propósito e valor ao não conseguirem mais realizar determinada função, perdendo o

---
242 HARRISON, 2006, p. 183.
243 Ibid. p. 183.

sentido da vida e o valor que dão a si mesmos. Algo que pode acontecer não somente em virtude de uma aposentadoria — que muitas vezes acaba sendo adiada por permanência no trabalho —, mas também por uma tragédia como um acidente.

Isso é retratado no filme *Doutor Estranho*, de 2016: após um acidente de carro, o Dr. Stephen Strange, um neurocirurgião de sucesso, perde sua capacidade de realizar cirurgias por ter o movimento de suas mãos afetado. Ao invés de aproveitar a sua vida com a fortuna que acumulou ao longo dos anos, Strange decide gastar tudo que tem em cirurgias experimentais, a fim de tentar recuperar os movimentos das mãos para voltar a ser quem ele era. Buscando a cura de seu problema junto a monges no Nepal, acaba aprendendo que a vida é mais do que ele sabia, e ganha superpoderes, claro! Afinal, é um filme da Marvel!

A lição do filme é importante: *nós não devemos pensar que o nosso valor está no que fazemos*. E é fácil confundirmos as coisas e pensarmos que nosso valor está no que fazemos. Algo que pode nos levar a problemas psicológicos, como bem lembra o pastor Yago Martins em um vídeo do Facebook, destacando que seus problemas emocionais se deram por achar que sua identidade estava atrelada ao seu trabalho, na falsa ideia de que "eu sou aquilo que faço"[244].

Nosso valor, porém, não está no que fazemos, mas está em quem nós somos, e nós podemos ter um propósito para a nossa vida que seja maior do que a nossa

---

[244] MARTINS, Yago. Depressão, burnout, estresse e outros... Vídeo postado no Facebook. Disponível em: <https://www.facebook.com/doisdedosdeteologia/videos/depress%C3%A3o-burnout-estresse-e-outros/128577419040176/>. Acesso em: 5 de maio de 2021.

profissão. Nem sempre esse propósito vai ser salvar o mundo — como é o caso do Dr. Strange (Dr. Estranho) —, mas talvez possamos encontrar nosso propósito fazendo parte da salvação que Deus tem para o mundo.

Afinal, os judeus não deixaram de ter seu valor por terem sido derrotados pelos babilônios: permaneciam sendo "os filhos preciosos de Sião, que valem seu peso em ouro puro" (Lm 4.2). Por mais que, para as demais nações, eles não tivessem valor algum, o valor dos judeus permanecia para Deus, que os escolheu.

E, mesmo estando sob jugo estrangeiro, sob o Império Romano, os discípulos de Jesus puderam entender que seu valor não seria mostrado ao fazer parte da libertação política de Israel, a qual esperavam, mas estava no fato de terem sido escolhidos para fazerem parte do projeto de Deus para a salvação da humanidade. Um projeto muito maior do que poderiam imaginar!

Pois o nosso valor não está na prata e no ouro — ou seja, naquilo que fazemos e julgamos valioso e importante —, mas no sangue de Jesus derramado na cruz por nós. Nosso preço "não foi pago com simples ouro ou prata, que perdem seu valor, mas com o sangue precioso de Cristo, o Cordeiro de Deus, sem pecado nem mancha" (1 Pe 1.18-19). Nele está o nosso verdadeiro valor! Nele está o valor que precisamos dar à nossa vida!

"um coração angustiado"

DAVI

DAVI

"um coração angustiado"

> *Estou encurvado e atormentado; entristecido, ando o dia todo de um lado para o outro. Meu corpo arde em febre, minha saúde está arruinada. Estou exausto e abatido; meus gemidos vêm de um coração angustiado.*
>
> Salmos 38.6-8

No Salmo 38, podemos ver um texto no qual Davi fala sobre seu sofrimento. Um sofrimento tão profundo que parece indicar, como bem expresso por Hernandes Dias Lopes, "uma dolorosa depressão que o arrebatou em suas possantes garras, sugando-lhe a seiva da vida"[245].

Se assim for, tal depressão foi "dolorosa" não apenas pelo seu efeito emocional, mas também pela somatização da sua depressão, ou seja, pela expressão da dor emocional no próprio corpo, por meio de dores físicas. Dores estas que fazem Davi afirmar que seu "corpo definhou" (Sl 32.3), e que seus ossos "se desgastam" (Sl 31.10), por conta de seu sofrimento. Talvez tais dores tenham sido resultantes de uma "amplificação somatossensorial"[246] relacionada à depressão de Davi. O fato, porém, é que Davi descreve em inúmeros salmos suas

---
245 LOPES, 2007b, p. 64.
246 Sobre a possibilidade da "amplificação somatossensorial" como explicação de sintomas somáticos de depressão, cf. ZORZETTO FILHO, Dirceu. *Sintomas somáticos da depressão: características sociodemográficas e clínicas em pacientes de Atenção Primária em Curitiba (PR).* Tese — Doutorado em Ciências. São Paulo: Universidade Federal de São Paulo, 2009, p. 107.

dores e queixas, levando-nos a ter uma visão de sua trajetória, quando colocada à luz destes salmos, como uma vida atrelada ao sofrimento.

A vida de Davi, conforme podemos ver na Bíblia, era bastante complicada: para além das grandiosas vitórias que Deus lhe deu, Davi também tem uma vida marcada pelos seus pecados, os quais tiveram terríveis consequências não somente para ele, mas também para seu povo e até sua família. Por causa disso, Davi sofreu profundamente, e sua vida foi um turbilhão de sentimentos.

Este sofrimento pode ser percebido em seus salmos, que transparecem "sentimentos de desespero, abandono e até pensamentos suicidas"[247]. Tais pensamentos suicidas, porém, não são explicitados no livro de Salmos, aparecendo somente em uma declaração de Davi no livro de 2 Samuel, quando seu filho Absalão havia morrido: "Ah, meu filho Absalão! Meu filho, meu filho Absalão! Quem me dera eu tivesse morrido em seu lugar! Ah, Absalão, meu filho, meu filho!" (2 Sm 18.33). Uma declaração que expressa aquele sentimento de injustiça que temos com a perda de alguém que amamos: "Por que eu estou aqui? E a filha, o filho, a neta, o neto não?"[248].

Palavras de desespero, que desejam a morte pela vida do filho perdido, em razão da dor que se sente. Uma dor profunda, resultante não apenas do luto pela perda de um filho, mas também pela culpa em função do pecado, cujas consequências o levaram a viver aquela situação trágica. Tragédia esta que, tal como as demais na vida de Davi, era respondida por ele com suas canções, as quais

---

247 KAPLAN; SCHWARTZ, 2000, p. 106.
248 BAYER, 2019, p. 48.

destacavam o arrependimento pelo seu pecado e abriam seu coração diante de Deus.

Tais canções, para nós, são salmos que serviram de base para inúmeros louvores. Porém, para Davi, é bem provável que tenham sido mais do que isso. Afinal, considerando a relação de seus salmos com seu sofrimento, podemos pensar nestes como "válvulas de escape" que ele tinha para aquilo que sentia. "Válvulas" que eram muito melhores do que o consumo de drogas como o álcool, como muitos acabam fazendo.

Afinal, podemos pensar na composição de seus salmos como uma espécie de "arteterapia" de Davi, a qual estava ainda vinculada à sua espiritualidade. E estas — a arteterapia e a espiritualidade — "são meios de busca de sentido para vida, onde juntas podem direcionar mais efetivamente e satisfatoriamente essa procura"[249]. Uma procura cuja resposta era encontrada por Davi por meio de sua exposição diante de Deus e seu arrependimento, que lhe resgatavam o sentido de sua vida.

Talvez seja por conta deste duplo aspecto — exposição e arrependimento — que Davi tenha sido um "um homem segundo o coração" (1 Sm 13.14) de Deus. Afinal, quando Deus afirma que Davi "fará tudo que for da minha vontade" (At 13.22), com certeza não pensou em Davi como alguém perfeito — uma vez que Davi estava longe de ser perfeito! —, mas considerou seu arrependimento, uma vez que "o Senhor olha para o coração" (1 Sm 16.7).

No caso de Davi, o que Deus via condizia com o que ele lhe apresentava: Davi não somente se arrepen-

---

[249] MARTINS, Silvia Xavier da Costa. *Espiritualidade, arteterapia e a busca de sentido*: considerações à luz da logoterapia de Viktor Frankl. Revista Logos e Existência, v. 6, n. 2, 2017, p. 100-107 [105].

dia, mas também expunha sua alma diante de Deus. Não fingia estar bem, nem que entendia tudo que acontecia com ele. Pelo contrário: Davi não apenas afirmava para Deus seu sofrimento, indicando que estava "à beira um colapso", enfrentando "dor constante" (Sl 38.17), mas também não escondia seu sentimento de que era Deus quem o fazia sofrer, mesmo que como resultado de seu pecado: "Tuas flechas se cravam fundo em mim, e o peso de tua mão me esmaga" (Sl 38.2).

Um sofrimento que Davi sentia especialmente quando não havia confessado seu pecado, e que lhe afetava tão profundamente, que acabava não apenas com seu emocional, mas igualmente com seu corpo: "Enquanto me recusei a confessar meu pecado, meu corpo definhou, e eu gemia o dia inteiro. Dia e noite, tua mão pesava sobre mim; minha força evaporou como água no calor do verão" (Sl 32.3-4). Um sofrimento cuja solução estava em Deus, através da confissão e arrependimento.

Afinal, de que adiantaria esconder algo de Deus? Ele sabe tudo o que pensamos e sentimos: "Tu conheces meus desejos, Senhor, e ouves cada um de meus suspiros" (Sl 38.9). Porém, isto não é desculpa para não apresentarmos a Ele o que sentimos e pensamos, assim como nossos pecados: por mais que Ele saiba, Ele quer que venhamos a falar para Ele nossos pecados, mas também nossos sentimentos, expondo a nossa alma diante d'Ele, tal como Davi fazia. Até porque "dar nome" aos nossos sentimentos pode ser um passo importante no nosso processo de autoconhecimento e, inclusive, de cura emocional, favorecendo não somente a aproximação, mas também a dependência de Deus.

DAVI E SANSÃO: A ALMA EXPOSTA

É interessante notarmos que Davi, que abre seu coração a Deus, é completamente diferente de Sansão, que abriu seu coração para Dalila e que, somente no fim de sua vida, lembrou de abri-lo a Deus. Abrir o coração, portanto, pode ser um meio de alcançarmos cura, mas pode ser também uma fonte de desgraças, quando o fazemos da forma errada ou para a pessoa errada. Precisamos saber o valor do nosso coração, não o oferecendo a qualquer um. Nisso devemos seguir a orientação de Jesus quando disse: "Não deem o que é santo aos cães, nem joguem pérolas aos porcos; pois os porcos pisotearão as pérolas, e os cães se voltarão contra vocês e os atacarão" (Mt 7.6).

Davi é um símbolo da alma cuidada por Deus, enquanto Sansão é um símbolo da alma exposta, do coração escancarado e desprotegido. Em Juízes 16, lemos que, após Dalila o incomodar, Sansão decide finalmente revelar a ela toda a verdade. E a forma com que a Bíblia conta isso é bastante interessante: apesar de algumas traduções indicarem que ele "contou-lhe seu segredo" (Jz 16.17, NVT), ou "lhe contou o segredo" (Jz 16.17, NVI), o mais próximo do original parece ser: "Descobriu-lhe todo o coração" (Jz 16.17, ARA).

Apesar do termo hebraico *leb*, "coração", muitas vezes ser utilizado no Antigo Testamento para indicar o pensamento e a decisão do ser humano, ou seja, sua "mente"[250], ele também indica os sentimentos humanos. Como bem lembra Hans Walter Wolff, o coração, no

---

250 Cf. WOLFF, 2008, p. 89.

Antigo Testamento, é tanto "a sede de determinadas disposições de ânimo como a *alegria* e a *aflição*"[251] quanto do nosso saber. É o símbolo de sentimentos profundos, tanto positivos — como a alegria —, quanto negativos — como a aflição que Sansão estava sentindo em sua alma (Jz 16.16), por Dalila o estar incomodando.

O texto também relaciona o segredo de Sansão ao seu *coração* para seguir a associação que Dalila fez: "Como dizes que me amas, se não está comigo o teu coração?" (Jz 16.15, ARA). Afinal, aqui o coração é a sede dos *segredos* (como as outras traduções trazem), daquilo que só nós sabemos. Manifestar o coração é revelar aquilo que sabemos e o que realmente pensamos. É o que Sansão acabou fazendo com Dalila. Ele abriu o coração a ela, de tal forma, que ela, logo após ouvi-lo, soube que agora conhecia o seu segredo e que "ele lhe descobrira todo o coração" (Jz 16.18, ARA).

No caso de Sansão, o abrir o coração não foi fruto da coragem, mas da carência. E, infelizmente, muitos, hoje, têm se exposto publicamente, abrindo o coração a um público irrestrito, mais por carência do que por qualquer outra coisa. Assim, apesar de haver aqueles que se fecham em si mesmos, não expondo o que estão passando, há também o outro extremo, aqueles que, por carência, dão "lugar à necessidade de se expor à vista, sem qualquer pudor"[252]. Em ambos os casos, são situações doentias, que não somente precisam ser evitadas, mas também tratadas.

Segundo Byung-Chul Han, isso é um resultado do fato de a sociedade em que vivemos ser uma "sociedade

---
251 WOLFF, 2008, p. 86.
252 HAN, 2019b, p. 109.

da transparência", a qual valoriza e incentiva que as pessoas se exponham completamente, a ponto de realizarem uma "exposição pornográfica"[253]. Tal exposição pode ser pornográfica no sentido de revelar mais do corpo do que deveria, ou simplesmente por transformar o corpo em mercadoria, mesmo que a pessoa não crie consciência disto, imaginando, por exemplo, que seu sucesso é devido às suas capacidades, em vez de sua beleza ou exposição. Mas a exposição também pode ser pornográfica por revelar mais da alma do que deveria. Assim, muitas vezes não é o corpo, mas a alma da pessoa que aparece "desnuda": ao se expor o que está no seu profundo da alma, "os sentimentos e emoções íntimos", a pessoa acaba "desnudando-a"[254]. Assim, quando se "abre o coração" na internet, não é uma ação "cardiográfica" (do coração), "mas pornográfica", como lembra Han, uma vez que o propósito, no fundo, não é o bem do coração, "mas maximizar lucros" e "chamar a atenção"[255]. É, portanto, mais uma forma de nos transformarmos em produto a ser comercializado e gerar "lucro" por meio de números na internet.

Às vezes a "pornografia" da alma se dá por algo que pode ser bom, mas nem sempre é: a *confissão*. Afinal, a confissão tem lugar e modo apropriados. A sociedade da transparência, porém, ignora isso, e aparece como uma "sociedade da confissão, do desnudamento e da falta pornográfica de distância"[256], quando a barreira entre o público e o privado são rompidos e uma confissão, de algo íntimo, é transformada em algo público. Assim, a

---
253 HAN, 2019b, p. 80.
254 *Ibid.* p. 81.
255 *Ibid.* p. 104.
256 *Ibid.* p. 83.

confissão, que muitas vezes gera a libertação da alma, acaba a aprisionando em sua exposição.

Isto pode ser visto no fato que Alain Ehrenberg escolheu para marcar o início de um novo momento da modernidade, o qual Zygmunt Bauman destaca como um momento que pode ser pensado em relação ao começo daquilo que chama de "modernidade líquida": quando, nos anos 1980, uma certa Vivienne, uma mulher francesa comum, confessou uma dificuldade de sua intimidade durante um *talk show* francês, que ela nunca teve um orgasmo durante todo seu casamento, uma vez que seu marido, Michel, sofria de ejaculação precoce[257].

Assim, Vivienne se expôs ao mundo, assim como expôs seu marido Michel, levando-o consigo na fama que a levou a ser mencionada em inúmeros livros, incluindo mais este. Mas será que vale a pena a fama pela exposição? Será que a confissão deve sair do confessionário e do gabinete pastoral para as redes sociais? Diria que aqui vemos uma nova forma de aplicarmos Marcos 8.36: "Que vantagem há em ganhar o mundo inteiro, mas perder a vida?".

O mais preocupante é notarmos que a confissão, o desnudamento da alma, muitas vezes é cobrado socialmente. E isso remonta há séculos atrás, quando Jean-Jacques Rousseau já defendia o "coração de cristal", defendendo que a abertura do coração deveria ser uma exigência, a fim de que cada um se mostrasse a todos como realmente é. Assim nascia aquilo que Han chama de

---

257 BAUMAN, Zygmunt. Privacy, secrecy, intimacy, human bonds — and other Collateral Casualties of liquid modernity. In: BLATTERER, Harry; JOHNSON, Pauline; MARKUS, Maria R. (Ed.). *Modern Privacy: Shifting Boundaries, New Forms*. New York: Palgrave Macmillan, 2010, p. 7-22 [7].

"ditadura do coração"[258], que é a exigência, cobrança ou pressão de que a alma seja exposta publicamente. Nada mais "pornográfico" do que a exposição pública da alma, transformando-a em um objeto, em uma mercadoria.

E é justamente isso que muitos fazem, expondo seus corações nas redes sociais a fim de utilizarem seus sentimentos, suas confissões e até mesmo seus traumas como meio de conexão com seus seguidores e, portanto, como trampolim para o engajamento e o sucesso virtual. Alguém contar em uma *live* a respeito de um abuso que sofreu ou um trauma profundo, por exemplo, não indica que a pessoa está lidando bem com aquilo, mas que a pessoa colocou seu desejo de exposição e sua carência por atenção acima de seu bem-estar emocional e psíquico. Não é fruto de um desejo pela cura, mas pela fama.

E, inversamente, um dos grandes perigos da fama é justamente a incompreensão, por parte do famoso, da necessidade de distância em relação ao seu "público". Hoje, com muitos ascendendo à fama da noite para o dia, não são poucos os que acabam se expondo sem limites a fim de potencializar a própria fama. O resultado disso é a ruptura entre a esfera pública e a esfera privada, gerando uma total "iluminação" da alma ao outro, desprotegendo a pessoa daquilo que pode feri-la na alma e impedindo o descanso e o prazer, próprios do espaço privado, que necessita estar longe do olhar alheio.

O efeito desta exposição é uma iluminação da alma que chega ao ponto de "*carbonizar* a alma e provocar nela uma espécie de *Burnout* psíquico"[259]. É o que vemos em

---
258 HAN, 2019b, p. 99.
259 *Ibid.* p. 13.

jovens famosos que, ao receberem reações negativas à sua vida particular, entram em colapso. Por não terem colocado filtros no que diz respeito à sua vida privada, têm sua intimidade escancarada e, muitas vezes, sua reação, ao invés de ser a construção de limites, acaba sendo novas confissões e diálogos com o público, a fim de resolver a situação particular, mas que, em nível macro, acabam piorando ainda mais a situação. Algo que pode resultar, inclusive, em um suicídio, como foi o caso de pessoas que tiraram sua vida após comentários negativos em redes sociais.

A alma humana, como lembra Byung-Chul Han, "necessita naturalmente de esferas onde possa estar *junto de si mesma*, sem o olhar do outro"[260]. Apesar do isolamento completo ser um problema, todos nós precisamos de tempo de solitude. Precisamos ter tempo com nós mesmos. E, cada vez mais, são raras as pessoas que conseguem ter tempo para si mesmas e querem ter esse tempo a sós.

Afinal, o tempo de solitude não é o tempo na frente do celular ou da televisão, nem mesmo o tempo da leitura de um livro, dependendo de qual for. Em todos esses casos estamos acompanhados por distrações e entretenimentos que nos distanciam de nós mesmos. Tirar tempo consigo mesmo é passar tempo no silêncio, pensando, sem termos em nossa mente aquilo que teremos que fazer na sequência, ou as tarefas do dia. É se distanciar do excesso de estímulos, informações e impulsos nos quais estamos inseridos, e passarmos tempo em contemplação. É termos tempo de *tédio*, entendendo que esse não é somente im-

---

[260] HAN, 2019b, p. 13.

portante, mas necessário para a nossa alma. Pois, "se o sono perfaz o ponto alto do descanso físico, o tédio profundo constitui o ponto alto do descanso espiritual"[261].

Para a nossa sociedade atual, a contemplação é vista, no mínimo, como desperdício de tempo. Numa sociedade onde o tempo é tão acelerado que sempre estamos com a sensação de estarmos "atrasados", gastar tempo sem produzir algo — seja dinheiro, pelo trabalho, ou mesmo prazer, pelo lazer — é visto como algo inadmissível. Por isso a contemplação nunca se fez tão necessária. Nunca foi tão importante que as pessoas passem algum tempo sem fazer nada — não dormindo, vendo filme ou trabalhando —, mas não fazendo nada, senão pensar, ou orar.

Uma sociedade do desempenho, como a que vivemos, faz com que a oração se restrinja às suas formas mais práticas, colocada dentro da dinâmica da rotina e reduzida a palavras breves e automáticas. A oração como o abrir da alma diante de Deus, porém, que exige tempo e solitude, acaba sendo algo raro, mesmo entre aqueles que se consideram cristãos. Afinal, o desempenho, visto a partir da lógica da sobrevivência, se coloca como mais importante do que a contemplação, vista como desperdício.

O resultado disso são situações que antes pensaríamos impossíveis, como um pastor declarando que "não tem tempo para orar", ou a visão de pastores em relação àqueles que oram como pessoas que têm tempo de sobra para gastar. Preconceitos que, para além de erros teológicos, indicam também pessoas que não dão descanso à alma.

Inversamente, há cristãos que criaram consciência da importância da contemplação por meio de práticas

---
261 HAN, 2017, p. 33-34.

de meditação. Assim, em vez de orarem, muitos cristãos têm escolhido meditar, uma vez que associam a meditação ao descanso mental, e a oração ao dever e à liturgia. Em grande medida isso parece se dar pela forma com que muitas igrejas tratam a oração, colocando-a sob regras e formatos, ou ainda como uma exigência, ao invés de tratá-la como uma forma de descanso da alma.

DAVI, SANSÃO, JÓ E REBECA: TORMENTO E TORTURA

A grande diferença entre Davi e Sansão foi que Davi sabia onde e como descansar sua alma. Sansão, porém, entretido com Dalila, não teve tempo para orar. Assim, a cobrança dela para que expusesse sua alma, como uma ditadora do coração, levou-o a trair não somente a Deus, mas a si mesmo. Ao contar seu segredo, não fez apenas uma confissão, mas uma verdadeira pornografia, tornando a si mesmo e sua relação com Deus como objeto: um objeto que foi dado de presente a ela.

O modo com que Dalila abriu o coração de Sansão já mostra um grande problema: ela, como diz Wolff, faz do segredo de Sansão "a pedra de toque do amor"[262]. Ela não se coloca como alguém disposto a ouvi-lo, a escutá-lo, a ser um ombro amigo. Pelo contrário! Ela se coloca como alguém que o pressiona, apertando-o psicologicamente, até extrair seu segredo, como alguém que aperta uma laranja até tirar todo o suco!

Apesar de ser importante que todos venhamos a abrir o coração (para as pessoas certas!), ninguém deve

---

262 WOLFF, 2008, p. 93.

ser forçado a isso. Não somente devemos cuidar com a "ditadura do coração", mas também precisamos evitar praticá-la, pois obrigar alguém a falar o que sente ou o que pensa é uma verdadeira violência.

Outro cuidado importante que devemos ter, porém, é não agirmos com julgamento, mas com amor. A forma com que Dalila tratou a Sansão, neste sentido, pode ser comparada ao modo com que os amigos de Jó o trataram, tentando tirar dele uma confissão de pecado. Por isso Jó pergunta a seus amigos: "Até quando vocês vão *me atormentar? Até quando vão me esmagar com suas palavras?*" (Jó 19.1). Pois, apesar dos amigos de Jó desejarem ajudá-lo (Jó 2.11), suas palavras apenas o machucaram.

Isso nos ensina que, por mais que a intenção seja boa — como consolar e animar um amigo —, se a abordagem for feita com julgamento, tornar-se-á um peso, ao invés de um alívio. Ao nos aproximarmos de alguém para o ajudarmos, precisamos cuidar para não nos perdermos debatendo ideias ou doutrinas, nem cobrarmos da pessoa o que ela não está disposta a oferecer. Precisamos oferecer auxílio e amparo, como Deus fez com Davi, respeitando a dor alheia.

Vemos isso na história de Jó: seus amigos têm uma péssima abordagem, de modo que, ao invés de receber a conversa com seus amigos como uma oportunidade de abrir o coração, Jó se sentiu em um debate, e pior! Sentiu-se como se sua privacidade estivesse sendo violada: "Ainda que eu tivesse pecado, seria problema meu, e não de vocês" (Jó 19.4). Eles estavam cruzando os limites, ao forçar que Jó fizesse uma confissão que, caso ocorresse, deveria partir dele.

Esta história permite nos prevenirmos de realizar o mesmo erro de, por "paixão teológica", querermos procurar "nexos de culpa em relação aos outros"[263], querendo explicar o sofrimento alheio ao associá-lo ao pecado. Algo absurdo, mas que aparece até mesmo na mídia quando determinados pregadores associam doenças a determinados pecados, até mesmo indicando certos pecados como a causa da pandemia! Uma postura que, com certeza, acaba afastando aqueles que, por sofrerem em virtude da pandemia, poderiam ser acolhidos por amor, e que se deparam com o cristianismo de rigor, juízo e preconceito.

Uma pressão assim pode ser insuportável e desesperadora, aprofundando severamente o sofrimento já existente. Se atentarmos bem para a história de Sansão e Dalila, notaremos que Dalila incomodou tanto Sansão que ele simplesmente não aguentou mais: "Todos os dias ela o atormentava com sua importunação, até ele não suportar mais" (Jz 16.16). Não foi apenas um incômodo. Foi um verdadeiro tormento, uma verdadeira tortura!

A expressão hebraica traduzida como "não suportar mais", no original hebraico, é *la-mut*, que pode ser traduzida também como "até a morte" ou "para a morte". Por isso na tradução Almeida Revista e Atualizada é dito que "apoderou-se da alma dele uma impaciência *de matar*" (Jz 16.16). É o mesmo termo que aparece em 1 Reis 19.4, no qual se afirma que Elias "pediu para si *a morte*" (1 Rs 19.4, ARA), ou Jonas 4.8, no qual ele também "pediu para si *a morte*" (Jn 4.8, ARA).

Ou seja, até mesmo Sansão desejou a morte, quando Dalila o incomodou tanto que transformou a relação de amor que eles tinham em um verdadeiro tormento, um

---
263 WOLFF, 2008, p. 183.

verdadeiro inferno! Se olharmos o texto, porém, veremos que, de fato, não foi isso que o levou a morrer, uma vez que ele morreu para levar junto consigo seus inimigos, os filisteus (Jz 16.28ss). Mas foi isso que o levou às piores escolhas de sua vida, cujo resultado foi sua prisão e, consequentemente, sua morte. Escolhas erradas feitas em uma situação de desespero, que o impediram de ver o que realmente estava acontecendo.

No caso de Davi, ele se sentia "atormentado" (Sl 38.6) por si mesmo, pela culpa que sentia pelos seus pecados. Porém, no caso de Sansão, a fonte do tormento era externa: era alguém que o atormentou lhe pedindo algo, insistentemente, até ele ceder, sem saber o limite, a hora de parar, fazendo com que Sansão se sentisse *torturado*. Deste modo, fica claro que da mesma forma que podemos ser bênção na vida dos outros, atuando como Deus agiu com Davi, também podemos nos tornar um problema, gerando aflição.

Muitas vezes, quando falamos de alguém atormentando outro insistentemente, pensamos nos casos de *bullying*, ou seja, da prática de atos de violência física ou emocional, de forma repetida, contra alguém. De fato, entre os jovens, aqueles que sofrem — ou mesmo os que praticam — *bullying* estão entre os com maior risco de suicídio[264] e, por isso, trata-se de algo com o qual precisamos ficar atentos.

Para além do *bullying*, os casos de abuso também podem resultar no desejo de morte pelo abusado. Como bem destaca Carlos "Catito" Grzybowski, é "comum

---

[264] CDC. *The Relationship Between Bullying and Suicide: What We Know and What it Means for Schools*. National Center for Injury Prevention and Control — Division of Violence Prevention, 2014, p. 2.

ouvir de pessoas com ideação suicida o relato de terem passado por ofensas (abusos) sexuais na infância e/ou por situações abusivas ao longo da vida"[265]. Trata-se, portanto, de uma causa forte. Um de nós dois, inclusive, passou pela experiência de amparar uma menina que, à beira de um lago, desejava a morte por ter passado por uma situação de abuso sexual.

Porém, para além do *bullying* e do abuso, há outras fontes de pressão que muitas vezes se fazem sentir sobre pessoas que, por causa do peso social, passam a desejar a morte. Em alguns casos, tais fontes são pessoas que desejam o bem deles, mas que não sabem expressar isso da forma correta. E, apesar de intencionarem o bem, por desconhecimento, imprudência ou incapacidade, acabam fazendo o mal.

Os suicídios *fatalistas* são exemplos neste sentido, uma vez que a causa destes é o vínculo exagerado com a sociedade ou parte dela, podendo ser, inclusive, a família. Às vezes a pressão sentida é, por exemplo, um desejo exagerado por parte dos pais que o filho estude para determinada profissão, um desejo tal como aquele de Rebeca em relação a Jacó. Algo cuja origem é boa (o amor ao filho), mas que acaba se transformando em uma cobrança insistente e, às vezes, em um verdadeiro tormento. E o resultado pode acabar sendo um desejo pela morte como forma de fuga daquela situação desesperadora.

Diante de tudo isso, cabe reconhecermos a importância de se tratar adequadamente não apenas do tema suicídio, mas também do coração daqueles que sofrem com o desejo pela morte. E tal seriedade precisa envol-

---
[265] GRZYBOWSKI, 2019, p. 73.

ver uma compreensão das dimensões do ser humano: é necessário sabermos que certos problemas podem envolver, por exemplo, questões psiquiátricas, saindo da alçada dos pastores, mas também não podemos desconsiderar o aspecto espiritual do ser humano, que deve receber a mensagem cristã de arrependimento e perdão.

DAVI E DEUS: ARREPENDIMENTO E PERDÃO

Ao mesmo tempo que a pressão exagerada ou equivocada pode gerar tormento e pode se tornar uma tortura, é necessário nunca desconsiderarmos a importância do arrependimento e do perdão. Hoje, como bem destacou Wilson Porte Jr., há igrejas nas quais "raramente se ouve sobre arrependimento, pecado, salvação pela fé em Cristo ou santidade"[266]. Igrejas que acabam se tornando massageadoras de egos, esquecendo-se da proposta cristã.

Afinal, por mais que seja importante nós, como Igreja, ajudarmos as pessoas a resgatarem a autoestima através do valor dado por Deus a elas, não podemos reduzir o papel da Igreja a isso. Certamente a Igreja pode contribuir não apenas na *integração social* de quem sofre, como também para que esta pessoa tenha um *sentimento de valor pessoal* e *confiança em si mesmo*, que são importantes fatores protetores contra comportamentos suicidas[267]. Porém, o papel da Igreja não se reduz a isso. A Igreja precisa proclamar a mensagem do Evangelho, a qual inclui o arrependimento e o perdão.

---

266 PORTE JR., 2016, p. 309.
267 Para uma tabela de alguns fatores considerados como protetores contra comportamentos suicidas, cf. BERTOLOTE, 2012, p. 76 (Tabela 5.2).

No que diz respeito ao arrependimento e perdão, Davi é um grande exemplo. Afinal, ele é alguém cuja depressão e desejo de morte se deram justamente por seus pecados: "minha saúde está arruinada, por causa de meu pecado" (Sl 38.3). Ou seja, "Davi reconhece que sua depressão era por causa de uma culpa, de pecados não confessados e não abandonados"[268]. Seu sofrimento, assim, se dá pela culpa que sente diante de Deus: "Minha culpa me sufoca; é um fardo pesado e insuportável" (Sl 38.4).

Com toda certeza nem toda depressão, assim como nem todo desejo de morte, é fruto do pecado. Limitar estes problemas ao pecado seria um reducionismo perigoso, tal como afirmar que somente a Bíblia é suficiente para socorrer aqueles que sofrem de depressão, quando na verdade muitos precisam, para além do cuidado espiritual, de medicamentos psiquiátricos e acompanhamento psicológico. Um erro que levou pessoas ao suicídio, "por rejeitarem o uso de medicamentos em situações em que claramente se faziam necessários"[269].

Porém, não há como negar, biblicamente, que o pecado pode nos levar à depressão, como foi o caso de Davi[270], ou pelo menos aprofundá-la. É bem provável que "a maioria dos casos depressivos não guarda relação direta com o pecado"[271]. E, como consequência de afirmações de que sua depressão seria fruto de pecados, muitas pessoas sofreram profundamente e não puderam receber o cuidado adequado. Porém, o arrependimento e o perdão precisam ser considerados quando aconselhamos pessoas espiritualmente.

---

268 PORTE JR., 2016, p. 133.
269 *Ibid.* p. 54.
270 *Ibid.* p. 134.
271 SOBRINHO, 2019, p. 86.

Assim como a depressão não deve ser pensada como ter pequena fé, pecado ou falta de oração[272], ela não pode deixar de ser pensada como algo que pode ser causado ou intensificado pelo pecado. O pecado não é necessariamente a causa, já que ela caiu sobre Jó, que era íntegro diante de Deus, e cuja acusação dos amigos apenas o atrapalhou. Porém, o pecado pode ser a causa, como no caso de Davi, e precisa ser considerado. Afinal, a culpa pode ser a origem de uma angústia cujo remédio é o perdão divino.

O caso de Davi, porém, não é o único. O Dr. Ismael Sobrinho dá, inclusive, um exemplo neste sentido em seu livro *Depressão: o que todo cristão precisa saber*, contando que uma paciente dele sofria com uma depressão grave e não respondia a nenhum tratamento. Porém, um dia, ela confessou que havia feito um aborto e que, por causa disso disto, sofria com a culpa, a qual era sentida por ela todos os dias. Somente após "um período de confissão e perdão, ela sentiu o alívio de seu quadro depressivo"[273].

Para a medicina, apesar de o pecado ser desconsiderado, a culpa não é. Assim, a medicina indica que "pessoas que guardam seus segredos emocionais, tensões, mágoas, angústias e aflições sem os pôr para fora, apresentam maior risco de adoecer psiquicamente e ter outras doenças psicossomáticas"[274]. E isso inclui a culpa, especialmente no caso de cristãos, que podem desenvolver quadros depressivos "porque ocultam pecados por períodos prolongados sem nunca os confessar"[275].

---

272 *Ibid.* p. 77ss.
273 *Ibid.* p. 85.
274 SOBRINHO, 2019, p. 170.
275 *Ibid.* p. 170.

A esperança de Davi no Salmo 38 se dá pela sua confissão: "Confesso, porém, minha culpa; sinto profundo lamento do que fiz" (Sl 38.18). É isso que lhe dá esperança de não ser abandonado por Deus e Ele vir em seu auxílio. Sendo assim, o arrependimento e a confissão, "os filhos gêmeos da graça"[276], são passos não apenas importantes, mas também necessários para a felicidade e cura daquele que sofre pela culpa de seu pecado.

Afinal, da mesma forma que muitas situações de depressão exigem tratamento com remédios, no caso de uma depressão por pecado, por mais que o remédio também possa ser necessário, "a tristeza profunda causada por pecados escondidos não pode ser curada por remédios", de modo que somente "o sincero arrependimento o salvará e curará"[277]. Sendo o pecado o causador da angústia, "só aquele que o cura sabe dar descanso"[278].

Arrepender-se e confessar a Deus significa, portanto, não apenas alcançar o perdão, mas também, consequentemente, a libertação em relação à culpa. Por isso no Salmo 32 Davi declara: "Sim, como é feliz aquele cuja culpa o Senhor não leva em conta, cuja consciência é sempre sincera!" (Sl 32.2). E sobre sua confissão, Davi declara: "Finalmente, confessei a ti todos os meus pecados e não escondi mais a minha culpa. Disse comigo: 'Confessarei ao Senhor a minha rebeldia', e tu perdoaste toda a minha culpa" (Sl 32.5).

Trata-se de um perdão que justifica o ser humano e, consequentemente, lhe concede paz, sendo o perdão a

---

276 SPURGEON, Charles. *Esboços bíblicos de Salmos*. São Paulo: Shedd Publicações, 2005, p. 91.
277 PORTE JR., 2016, p. 139.
278 SPURGEON, 2005, p. 90.

"mais preciosa fonte de paz que o ser humano pode encontrar"[279]. Uma paz que "excede todo entendimento" (Fp 4.7) e que permite ao ser humano superar — mesmo que não venha a anular — toda preocupação (Fp 4.6).

E, por mais que o perdão venha de Deus, mediante o nosso arrependimento, também podemos encontrar cura na confissão dos pecados a outras pessoas (para além de Deus). Biblicamente, "se confessamos nossos pecados" a Deus, "ele é fiel e justo para perdoar nossos pecados e nos purificar de toda injustiça" (1 Jo 1.9). Porém, também é importante confessarmos a outros para alcançarmos a cura: "confessem seus pecados uns aos outros e orem uns pelos outros para serem curados" (Tg 5.16). Ou seja, como bem indicou Ismael Sobrinho, "quando confessamos a Deus, o fazemos para sermos perdoados, mas confessar ao próximo é um mecanismo para ser curados"[280].

Em ambos os casos, a confissão ajuda para que também haja algo fundamental: o "autoperdão". Afinal, muitos se prendem em um sentimento de culpa pelo fato de que não conseguem perdoar a si mesmos, de modo que a falta do autoperdão "tem se mostrado como o maior obstáculo para a libertação da culpa"[281]. Algo que pode ser superado pela confissão junto à compreensão do perdão dado por Deus, a qual nós, pastores, devemos lembrar àqueles que aconselhamos.

Na Igreja, pode-se lidar com a culpa de duas formas, uma vez que, como destacou Paul Tournier, "a reli-

---
279 PORTE JR., 2016, p. 141.
280 SOBRINHO, 2019, p. 171.
281 BRITO, Neilson Xavier de. Pastoral da culpa: cuidando dos cativos da culpa. In: SOUZA, Edilson Soares de; RUPPENTHAL NETO, Willibaldo. *Cuidando de vidas: pesquisas nas áreas de teoria e prática do cuidado pastoral.* Curitiba: FABAPAR, 2015, p. 159-184 [178].

gião pode libertar ou esmagar, ela pode culpar ou libertar da culpa"[282]. Sendo assim, a Igreja pode gerar um ambiente de acusação, onde a culpa é internalizada e escondida, ou um ambiente de libertação, onde a culpa pode ser exposta com liberdade por aquele que se sente culpado, permitindo que se sinta seguro para confessar seu pecado, sabendo que não será julgado, mas acolhido. Um caminho prejudica a abertura de coração, e o outro deve favorecer não somente a libertação da culpa, mas também a libertação que deve a acompanhar, que é a libertação do pecado, por meio do arrependimento.

Sendo assim, "o desenvolvimento de uma espiritualidade saudável, especialmente nos sistemas de maior convivência (como a família), pode ser sempre um fator preventivo muito forte contra o suicídio"[283]. Porém, tal espiritualidade precisa ser diferenciada de uma religiosidade impositiva, sendo uma espiritualidade "que elege a mesa da partilha como centro de seu simbolismo, espaço no qual há somente uma vítima real, que levou sobre si nossas dores e sofrimentos"[284]: Jesus Cristo. Somente assim a confissão não será cobrada, mas acolhida.

Para além de confessar, perdoar também pode trazer a cura. Afinal, muitos cristãos adoecem por não conseguirem perdoar àqueles que lhes fizeram mal em algum momento de suas vidas[285]. Assim, vivem carregando rancor e amargura em seus corações, não liberando o perdão e não percebendo a importância deste e o

---

282 TOURNIER, Paul. *Culpa e graça: uma análise do sentimento de culpa e o ensino do evangelho*. São Paulo: ABU, 1985, p. 176.
283 GRZYBOWSKI, 2019, p. 73.
284 *Ibid.* p. 73.
285 SOBRINHO, 2019, p. 171.

perigo da amargura. A amargura é algo tão perigoso que o autor de Hebreus recomenda que se cuide para não se deixar brotar "nenhuma raiz venenosa de amargura que cause perturbação, contaminando muitos" (Hb 12.15).

Ou seja, a amargura não é apenas algo que perturba, ou seja, que atormenta alguém, mas é também algo que contamina, como um veneno. Uma verdade bíblica que faz com que a famosa frase do Seu Madruga tenha sentido: "A vingança nunca é plena; mata a alma e a envenena". Algo que vale também para a amargura: mesmo que não venhamos a querer nos vingar, ao mantermos a amargura no nosso íntimo, estamos envenenando a nossa alma. Estamos destruindo o nosso interior e nos contaminando. E, tal como precisamos de Deus para confessarmos, também "precisamos desesperadamente da ajuda de Deus"[286] para perdoarmos.

Mas, como se pode saber se a depressão é resultante do pecado e que seu caminho de cura está no perdão? Se você confessar seus pecados em arrependimento diante de Deus, confessar para alguém de confiança, e perdoar a quem precisava perdoar, poderá ter uma ideia: se o sofrimento for solucionado e você não sentir nunca mais aquela tristeza, você poderá saber que a origem era pecado. Contudo, se a tristeza e angústia permanecerem, saiba que seu problema é algo diferente e, portanto, precisará de um tratamento diferente.

Só não seja precipitado: não é porque você melhorou, que o problema foi solucionado para sempre. É necessário verificar se a dificuldade não vai retornar e, cabe avisar, você não deve abandonar qualquer tratamento

---

[286] PRITCHARD, Ray. *O poder terapêutico do perdão*. São Paulo: Mundo Cristão, 2006, p. 11.

que esteja fazendo. Assim como pode ser que você apenas tenha tido um sentimento de melhora temporário, você também deve considerar a possibilidade de seu problema ir para além do pecado ou ter sido intensificado por ele. Sendo assim, manter o tratamento que está fazendo ou começar um tratamento psicológico ou psiquiátrico pode ser fundamental.

Caso sua tristeza permaneça após o perdão, como bem alerta Wilson Porte Jr., é necessário que você "procure um médico o mais rápido possível, ainda que alguém bem-intencionado lhe diga que você não precisa fazer isso"[287]. Afinal, se mesmo após a confissão e arrependimento o problema continua, é porque o problema não é resultante do pecado. Pode até ter sido intensificado por ele, mas ele não é a causa, de modo que é necessário um tratamento buscando ajuda médica e psicológica. Sendo assim, não tenha vergonha de ir ao médico, nem de buscar ajuda psicológica ou psiquiátrica.

Porém, para além da ajuda psicológica e psiquiátrica, não se esqueça de buscar a Deus. Pode ser, porém, que isso não baste, assim como nem sempre a Bíblia é suficiente para nos ajudar. Isso pode soar como algo descrente, mas é uma visão bíblica. Afinal, da mesma forma que a Bíblia é suficiente em questão de salvação, ela não é suficiente em todas as questões da vida[288], pois ela não pretender ser! Cobrar que ela fale daquilo que não pretende é não somente desrespeitar a Bíblia, mas também deturpá-la.

Do mesmo modo, nem sempre orar vai solucionar: há situações que exigem a ajuda de mais alguém, como

---

287 PORTE JR., 2016, p. 139.
288 PORTE JR., 2016, p. 53.

foi o caso dos setenta na vida de Moisés, ou do anjo na vida de Elias. Mais alguém, portanto, que pode ser usado por Deus. Caberá, assim sendo, entendermos que não somente pastores, mas também médicos e psicólogos poderão ser mensageiros de Deus na nossa vida, fazendo com que tratamentos e remédios sejam instrumentos de Deus no cuidado de nossa saúde emocional. Porém, nesse processo, não podemos esquecer a lição de Davi de que devemos deixar nosso coração aberto a Deus, apresentando nossos sentimentos e buscando refúgio n'Ele.

*"Não se mate!
Estamos todos aqui!"*

CONCLUSÃO

CONCLUSÃO

"Não se mate! Estamos todos aqui!"

Quando o carcereiro acordou, viu as portas da prisão escancaradas. Imaginando que os prisioneiros haviam escapado, puxou a espada para se matar. Paulo, porém, gritou: "Não se mate! Estamos todos aqui!".

Atos 16.27-28

Quando olhamos a Bíblia, percebemos facilmente que "a Bíblia não aprova o suicídio"[289], como bem lembra Hernandes Dias Lopes, de modo que seu foco está na promoção da vida e não da morte. Por isso, temos grandes exemplos como "Jó, Moisés, Elias e Jonas", os quais "pediram a Deus para morrer, mas nunca intentaram contra sua vida"[290]. São pessoas que nos deixaram o exemplo de como enfrentar a dor, abrindo o coração a Deus e procurando ajuda.

Porém, para além do exemplo destes homens que sofreram e enfrentaram o sofrimento, a Bíblia também deixa o exemplo do próprio Deus, que cuidou destes e preveniu que eles viessem a fazer mal a si mesmos. Importando-se com a dor deles, "Deus tratou a depressão de Elias mandando-o sair da caverna", e "tratou a tristeza excessiva de Jonas confrontando-o e dando-lhe espaço para desabafar"[291]. Deus ouviu a Moisés e lhe pro-

---
289 LOPES, 2007b, p. 149.
290 Ibid. 149.
291 Ibid. p. 156.

pôs uma solução prática. Deus respondeu às reclamações de Jó e o abençoou. Deus amparou Jeremias e renovou sua fé. Deus não mostrou sua fúria a Elias, mas se apresentou como uma brisa suave. Deus, assim, cuidou de todos com amor e deixou o exemplo.

Um exemplo que deve ser seguido pela Igreja de Jesus Cristo, uma vez que "a Igreja deve ser uma comunidade terapêutica, onde as pessoas encontrem saúde emocional e espiritual"[292]. Neste sentido, a igreja, como comunidade terapêutica, tem também seu caso de prevenção ao suicídio, o qual aparece no Novo Testamento: a tentativa de suicídio do carcereiro da prisão em Filipos, a qual foi impedida por Paulo, conforme relatado em Atos 16:

> Por volta da meia-noite, Paulo e Silas oravam e cantavam hinos a Deus, e os outros presos ouviam. De repente, houve um forte terremoto, e até os alicerces da prisão foram sacudidos. No mesmo instante, todas as portas se abriram e as correntes de todos os presos se soltaram. *Quando o carcereiro acordou, viu as portas da prisão escancaradas. Imaginando que os prisioneiros haviam escapado, puxou a espada para se matar. Paulo, porém, gritou: "Não se mate! Estamos todos aqui!"*. O carcereiro mandou que trouxessem luz e correu até o cárcere, onde se prostrou, tremendo de medo, diante de Paulo e Silas. Então ele os levou para fora e perguntou: "Senhores, que devo fazer para ser salvo?". Eles responderam: "Creia no Senhor Jesus, e você e sua família serão salvos". Então pregaram a palavra do Senhor a ele e a toda a sua família. Mesmo sendo tarde da noite, o carcereiro cuidou deles e lavou suas

---

292 LOPES, 2007b, p. 24.

feridas. Em seguida, ele e todos os seus foram batizados. Depois, levou-os para sua casa e lhes serviu uma refeição, e ele e toda a sua família se alegraram porque creram em Deus. (Atos 16.25-34)

Neste texto, vemos que Paulo colocou a vida de outra pessoa acima da sua. Ele, que estava preso, havia recebido da parte de Deus a oportunidade de escapar escondido: as suas correntes se soltaram e as portas se abriram por causa do terremoto. Porém, Paulo decidiu arriscar sua liberdade para impedir que seu carcereiro tirasse a própria vida. Tendo certeza de que Deus estava conduzindo-o para fora da prisão, ele poderia ter visto aquela morte como parte de sua liberdade, como um livramento de Deus. Porém, Paulo entendeu que aquela situação não era apenas uma oportunidade que Deus deu para libertá-lo da prisão, mas também era uma oportunidade para libertar aquele homem da morte.

O carcereiro estava prestes a tirar a própria vida, pois pensou "que os prisioneiros haviam escapado". Como não pensaria isso? Afinal, ele, que estava dormindo, quando acordou "viu as portas da prisão escancaradas". Era natural que pensasse que todos fugiram; afinal, quem não aproveitaria a oportunidade? Acontece, porém, que Paulo e Silas não haviam aproveitado aquela oportunidade, e decidiram também não aproveitar a oportunidade que teriam com a morte do carcereiro: rejeitam estas oportunidades de fuga por uma oportunidade de salvar uma vida. Afinal, eles sabem qual é a prioridade em suas vidas.

Além de prioritária, aquela ação também foi urgente. É importante notarmos que Paulo não somente falou com o carcereiro, mas ele "gritou". Ele entendeu a urgência daquele momento, e deu a palavra necessária para que aquele homem tivesse o consolo necessário: "Não se mate! Estamos todos aqui!". Hoje, muitos não têm entendido a urgência da necessidade daqueles que desejam a morte. Não entendem que os sentimentos de desejo de morte, como destacou o Dr. Ismael Sobrinho, "devem ser compreendidos como um grito de socorro"[293].

Precisamos, portanto, levar a sério a vida dos outros, entendendo que o cuidado de vidas é uma prioridade e, quando envolve sentimentos de desejo de morte, se torna uma urgência. Porém, tal cuidado de vidas precisa muitas vezes começar com a nossa própria. Um grande desafio, hoje, pelo fato de que muitos de nós não conseguem ajudar a outros por também precisarmos de ajuda.

Desse modo, muitos, em vez de pensar em ajudar, apenas conseguem pensar em serem ajudados: muitas vezes não acordam, como lembra Kevin DeYoung, "tentando servir, mas apenas tentando sobreviver"[294]. E não é errado querermos ajuda antes de ajudarmos: como lembra David Murray, "não é egoísmo repor a energia e renovar a vitalidade para melhor servir a Deus e ao próximo"[295]. Até porque é praticamente impossível ajudarmos alguém se já não estivermos recebendo ajuda.

É necessário que a nossa dificuldade emocional seja tratada tal como a situação da despressurização em voos, cuja orientação é clara: *primeiro precisamos colocar*

---
293 SOBRINHO, 2019, p. 105.
294 DEYOUNG, Kevin. *Super ocupado: um livro (misericordiosamente) pequeno sobre um problema (realmente) grande.* São José dos Campos, SP: Fiel, 2014, p. 21.
295 MURRAY, David. *Reset: vivendo no ritmo da graça em uma cultura estressada.* São José dos Campos, SP: Fiel, 2018, p. 27.

a máscara de oxigênio em nós mesmos, para podermos ajudar outros a colocarem as suas. Do mesmo modo, primeiro precisamos estar sendo cuidados para então cuidarmos de outros. Precisamos seguir o direcionamento de Paulo aos presbíteros de Éfeso: "Portanto, cuidem de si mesmos e do rebanho sobre o qual o Espírito Santo os colocou como bispos, a fim de pastorearem sua igreja, comprada com seu próprio sangue" (At 20.28).

Isso não significa que será necessário termos nossos problemas internos resolvidos; afinal, muitos problemas nós somente conseguiremos conter, diminuir e amenizar, pois estarão conosco até o fim. Mas precisamos tratar nossas dificuldades para podermos ajudar outros com as suas. Pois, se estivermos em sofrimento, não conseguiremos ajudar a outros sem antes estarmos sendo ajudados.

Para além disso, como lembra DeYoung, é importante entendermos que a grande responsabilidade do cristão é, em primeiro lugar, *se importar*[296]. Nem todos conseguirão *fazer* alguma coisa de imediato a respeito do sofrimento alheio. Afinal, "nós não podemos fazer alguma coisa sobre tudo", porém, todos nós "podemos nos importar"[297]. E foi pelo fato de que *se importava com vidas* que Paulo, no momento necessário, teve a atitude correta.

Pode ser que você, leitor, não possa fazer algo *ainda*, pois precisará primeiro se ajudar, a fim de poder ajudar a outros. Ou pode ser que você tenha oportunidade de *hoje mesmo* fazer algo para ajudar alguém que precisa de amparo. É difícil saber! Porém, o mais importante é nos

---
296 DEYOUNG, 2014, p. 56.
297 *Ibid.* p. 56.

importarmos para que, conforme as capacidades e oportunidades, possamos oferecer ajuda àqueles que precisam. Sendo assim, nenhum de nós deve cair no erro de colocar sobre si a responsabilidade de resolver o problema do suicídio. Ao mesmo tempo que não podemos cair no erro de nos isentarmos de toda e qualquer reponsabilidade.

Uma famosa frase, atribuída a Edwin S. Shneidman diz: "O suicídio é um problema de todos"[298]. Realmente, o suicídio não é um problema somente daquele que o deseja, planeja ou executa, mas é também um problema que diz respeito às pessoas ao seu redor e, na visão bíblica, à Igreja. Isso não significa, porém, que todos devem agir na solução do suicídio, interferindo no que diz respeito a médicos, psicólogos ou psiquiatras, por exemplo.

Quando entendemos que "nessa tarefa nem todos têm as mesmas funções, responsabilidades e potencialidades"[299], o trabalho dos profissionais de saúde é devidamente respeitado e procurado quando necessário. Afinal, compreende-se que "gabinete pastoral, sozinho, não dá conta de lidar com doenças para as quais existe tratamento médico adequado"[300], e, sendo assim, cabe ao pastor encaminhar aquilo que ultrapassa os seus limites.

Porém, afirmar que o suicídio é um problema "de todos" significa que cada um de nós pode assumir uma responsabilidade — seja *amparar*, *direcionar*, *aconselhar*, *cuidar* ou *conscientizar*. Nem sempre poderemos fazer todas estas coisas, e, na verdade, ninguém pode fazer tudo

---

298 BERTOLOTE, 2012, p. 103.
299 *Ibid.* p. 103.
300 FONTANA, Victor. Precisamos falar sobre doença psíquica e suicídio. *BiboTalk*, 26 de julho de 2017. Disponível em: <https://bibotalk.com/blog/suicidio-e-doenca-mental/>. Acesso em: 20 de maio de 2021.

isso de forma efetiva, assim como não seria saudável alguém assumir todas essas responsabilidades. Afinal, cada pessoa tem a sua função. Porém, é importante que venhamos a entender nosso papel, a fim de efetivarmos nossa potencialidade na prevenção ao suicídio e no cuidado de vidas.

Como educadores, nós dois, por exemplo, sendo professores de faculdade, podemos contribuir aplicando, à nossa realidade, aquilo que a OMS indica para professores de escolas, como: *fortificar a saúde mental de professores*; *fortificar a autoestima de estudantes*; *promover expressão emocional*; *prover informações*; e *incentivar a comunicação*[301]. Ou seja, podemos assumir não apenas o papel de contribuir na conscientização a respeito da prevenção ao suicídio, mas também favorecer a saúde mental em nosso ambiente de trabalho, seja em relação a colegas ou alunos. Algo que um de nós dois está procurando fazer, inclusive, com um programa de acompanhamento de seminaristas.

Como pastores, precisamos assumir a responsabilidade de olharmos e cuidarmos da Igreja de Jesus Cristo. E, considerando que cerca de um milhão de pessoas tiram suas vidas a cada ano[302], precisamos considerar a grande ameaça que é o sofrimento sem amparo, assim como a debilidade emocional, que resulta na morte de muitos cristãos. Trata-se, portanto, de um problema que é tão sério que leva Kevin DeYoung a declarar que "a situação de estar ocupado demais", na qual Moisés estava,

---

301 Organização Mundial da Saúde (OMS). *Prevenção do suicídio: manual para professores e educadores*. Genebra: Organização Mundial da Saúde, 2000, p. 21-22.
302 BERTOLOTE, 2012, p. 40.

"mata mais cristãos do que balas"[303]. Uma situação que não podemos ignorar, e contra a qual precisamos atuar como pastores, cuidando de vidas.

Como Igreja, todos nós — não apenas nós, autores, mas também você, leitor — precisamos assumir nosso papel neste mundo: não devemos colocar sobre nós a responsabilidade de solucionar o problema do sofrimento humano (que não é nossa responsabilidade), mas cada um de nós pode buscar *se importar e olhar* para aqueles que sofrem e, juntos, podemos ajudar. Como Gabriel Carneiro bem destacou em um artigo no site do BiboTalk, a Igreja pode:

> - Ouvir! Encoraje a pessoa a falar sobre seus problemas e a expressar seus sentimentos;
> - Leve a sério seus problemas e sentimentos, não banalize o sofrimento dos outros;
> - Fale direta e abertamente sobre suicídio;
> - Se você está preocupado com a segurança de alguém, não a deixe sozinha;
> - Não tenha medo de acionar serviços de emergência para a preservação da vida de alguém;
> - Vá com a pessoa a um profissional que possa oferecer ajuda especializada, como psicólogo ou psiquiatra.[304]

Sendo assim, como Igreja, podemos fazer muita coisa. Até porque, juntos, também podemos olhar para os "sobreviventes do suicídio", amparando e cuidando. Podemos olhar para aqueles que têm sofrido profundamente com depressão ou outras doenças da alma, acon-

---

303 DEYOUNG, 2014, p. 32-33.
304 CARNEIRO, Gabriel. Como a Igreja pode prevenir o suicídio? *BiboTalk*, 5 de fevereiro de 2019. Disponível em: <https://bibotalk.com/blog/como-a-igreja--pode-previnir-o-suicidio/>. Acesso em: 20 de maio de 2021.

selhando e direcionando. E podemos olhar àqueles que, tal como Moisés, Elias, Jó, Jonas, Rebeca, Jeremias e Davi, desejaram ou desejam a morte, falando aquilo que Paulo disse ao carcereiro: "Não se mate! Estamos todos aqui!".

Por fim, *como pastores*, gostaríamos de lhe dar uma breve palavra: *saiba, entenda* e *aprenda* o valor da sua vida. Isso pode parecer fácil, mas não é. Muitas vezes pensamos que sabemos qual é o valor da nossa vida, afinal, quem poderia saber, se não nós mesmos? Se a vida é *minha*, quem poderia saber melhor do que *eu*? Porém, biblicamente, a nossa vida não deve ser realmente nossa. *A nossa vida deve ser de Deus, pois Ele quer a nossa vida*. E, sendo assim, é Ele quem deve saber o real valor da nossa vida.

Há muitos anos, um de nós dois não conseguia ver valor algum em sua vida. Diante de frustrações gigantescas, sentia apenas um vazio, pois todo o futuro que havia planejado, caiu por terra. Toda a sua vida parecia ter desmoronado, e não havia sobrado nada para esperar, nada para ver, e nada para sentir. Porém, mesmo sem esperanças, decidiu ir a um retiro para o qual foi convidado, e lá ouviu as seguintes palavras de um pregador: "Deus quer a sua vida!". Essas palavras foram recebidas em seu coração com desdém: "Nem eu quero a minha vida!". Mas a voz de Deus se fez presente, respondendo: "Você pode não querer, mas Eu quero!".

A nossa vida é mais valiosa do que pensamos. E, se temos tanta certeza de que ela não tem valor, *por que não entregá-la a Deus*? Foi isso o que um de nós pensou, e assim decidiu entregar sua vida verdadeiramente a Jesus. E o mais impressionante é que Ele aceita até mesmo aqueles que não estão dando valor algum à sua vida! Na verdade, a vida com Cristo passa por essa entrega: "Se tentar se apegar à sua vida, a perderá. Mas, se abrir mão de sua vida por minha causa, a encontrará" (Mt 16.25). Um abrir mão que não é uma entrega para a morte, mas uma entrega para a vida que Deus tem para nós.

Por isso, gostaríamos de o avisar: sua vida tem valor, mesmo que você não consiga ver! Como bem disse Jaime Fernández Garrido: muitas vezes esquecemos o valor da vida, não percebendo que ela é "mais importante do que os sucessos ou os fracassos, mais do que as traições e os problemas, mais do que as circunstâncias que nos parecem derrotar", e até mais "do que os nossos pensamentos, os erros que tenhamos cometido ou os sentimentos que parecem nos sufocar"[305].

Por isso, *saiba* o valor da sua vida, mesmo que você não consiga vê-lo. É um desafio que envolve você buscar *entender* o seu verdadeiro valor em Deus, e *aprender* quem você é para Deus e o que Ele quer de você. E, mesmo que você não consiga ver razão para que Deus queira sua vida, creia nisto: "'Porque eu sei os planos que tenho para vocês', diz o Senhor. 'São planos de bem, e não de mal, para lhes dar o futuro pelo qual anseiam'". Porém, já saiba de uma coisa: o que Deus quer de você não é a morte, mas que você viva. Deus não quer que você *morra* por Ele — Jesus já morreu por todos nós! Deus quer que você *viva* por Ele! Deus quer que você abrace a vida que Ele tem para você!

---

[305] FERNÁNDEZ GARRIDO, Jaime. *Abrace a vida*. Trad. Samuel e Angela Mitt. Curitiba: Publicações Pão Diário, 2019, p. 6.

BIBLIOGRAFIA

ALEXANDER, T. Desmond. Jonas. In: BAKER, David W.; ALEXANDER, T. Desmond; STURZ, Richard J. *Obadias, Jonas, Miquéias, Naum, Habacuque e Sofonias: introdução e comentário*. São Paulo: Vida Nova, 2006 (Série Cultura Bíblica), p. 53-150.

ARTUSO, Vicente; DIREITO TEIXEIRA, Rafael. *Taberá*: a queixa do povo e o fogo da ira divina (Números 11,1-3). *Interações: Cultura e Comunidade*, vol. 9, núm. 15, enero-junio, 2014, p. 181-191.

Associação Brasileira de Psiquiatria (ABP). *Suicídio: informando para prevenir*. Brasília: Conselho Federal de Mecidina, 2014.

Associação Brasileira de Psiquiatria (ABP); Conselho Federal de Medicina (CFM). *Comportamento suicida: conhecer para prevenir, dirigido para profissionais de imprensa*. Rio de Janeiro: Associação Brasileira de Psiquiatria, s.d.

AYERS, John W. et al. Internet Searches for Suicide Following the Release of 13 Reasons Why. *JAMA Internal Medicine*, Published online July 31, 2017, p. E1-E2.

BARNETT, John D. Elias, um crente deprimido. *Estudos Bíblicos*, Ultimato. s.d. Disponível em: <https://ultimato.com.br/sites/estudos--biblicos/assunto/vida-crista/elias-um-crente-deprimido/>. Acesso em 31 de maio de 2021.

BAUMAN, Zygmunt. Privacy, secrecy, intimacy, human bonds — and other Collateral Casualties of liquid modernity. In: BLATTERER, Harry; JOHNSON, Pauline; MARKUS, Maria R. (ed.). *Modern Privacy: Shifting Boundaries, New Forms*. New York: Palgrave Macmillan, 2010.

BAUMANN, Igor Pohl. Os desafios de leitura e interpretação de Jeremias. *Revista Batista Pioneira*, Vol. 4, n. 1, 2015, p. 91-112.

BAYER, Ingrid. E agora o que fazemos? Cuidando da dor dos que foram impactados pela perda de uma pessoa próxima. In: GRZYBOWSKI, Carlos "Catito". *Quando a dor se torna insuportável: reflexões sobre por que pessoas se suicidam*. São Leopoldo: Editora Sinodal, 2019, p. 47-55.

BERENCHTEIN NETTO, Nilson. Perguntas respondidas por Nilson Berenchtein Netto. In: Conselho Federal de Psicologia (CFP). *O suicídio e os desafios para a Psicologia*. Brasília: CFP, 2013, p. 79-107.

BERTOLOTE, José Manoel. *O suicídio e sua prevenção*. São Paulo: Editora UNESP, 2012.

BRÅDVIK, Louise. Suicide Risk and Mental Disorders. *International Journal of Environmental Research and Public Health*, Vol. 15 n. 9, 2018.

BRIDGE, Jeffrey A. et al. Association Between the Release of Netflix's *13 Reasons Why* and Suicide Rates in the United States: An Interrupted Time Series Analysis. *Journal of the American Academy of Child & Adolescent Psychiatry*, Volume 59, Number 2, February 2020, p. 236-243.

BRITO, Neilson Xavier de. Pastoral da culpa: cuidando dos cativos da culpa. In: SOUZA, Edilson Soares de; RUPPENTHAL NETO, Willibaldo. *Cuidando de vidas: pesquisas nas áreas de teoria e prática do cuidado pastoral*. Curitiba: FABAPAR, 2015, p. 159-184.

BUHR, João Rainer. O sofrimento de Jeremias. *Revista Batista Pioneira*, Vol. 6, n. 2, 2017, p. 371-382.

BUHR, João Rainer. *O sofrimento do pastor: um mal silencioso enfrentado por Paulo e por pastores até hoje*. Curitiba: Esperança, 2017.

CÂNDIDO, Artur Mamed. *O enlutamento por suicídio: elementos de compreensão na clínica da perda*. Dissertação de Mestrado — Psicologia Clínica. Brasília: Universidade de Brasília, 2011.

CARNEIRO, Gabriel. Como a Igreja pode prevenir o suicídio? *BiboTalk*, 5 de fevereiro de 2019. Disponível em: <https://bibotalk.com/blog/como-a-igreja-pode-previnir-o-suicidio/>. Acesso em 20 de maio de 2021.

CDC. *The Relationship Between Bullying and Suicide: What We Know and What it Means for Schools*. National Center for Injury Prevention and Control — Division of Violence Prevention, 2014.

CHESTERTON, G. K. *Ortodoxia*. São Paulo: Mundo Cristão, 2008.

COELHO FILHO, Isaltino Gomes. *Jonas: nosso contemporâneo*. Rio de Janeiro: JUERP, 1992.

COLETA, Karina A. P. G. Os profetas também temem: Análise narrativa da fuga de Elias — 1 Reis 19,1-21. *Horizonte*, Belo Horizonte, v. 11, n. 30, abr./jun. 2013, p. p. 775-799.

CORDEIRO, Wayne. *Andando com o tanque vazio? Encha o tanque e renove a paixão*. Trad. Emirson Justino. São Paulo: Editora Vida, 2011.

COUTINHO, Alberto H. S. de A. Suicídio e laço social. *Reverso*, Belo Horizonte, ano 32, n. 59, Jun. 2010, p. 61-70.

DAPIEVE, Arthur. *Morreu na contramão — O suicídio como notícia*. Rio de Janeiro: Jorge Zahar, 2007.

DE LEO, Diego. Apresentação. In: BERTOLOTE, José Manoel. *O suicídio e sua prevenção*. São Paulo: Editora UNESP, 2012, p. 7-14.

DEYOUNG, Kevin. *Super ocupado: um livro (misericordiosamente) pequeno sobre um problema (realmente) grande*. São José dos Campos, SP: Fiel, 2014.

DUNN, Ron. *Por que Deus não me cura? Uma visão bíblica sobre os mistérios da fé*. São Paulo: Estação do Livro; Mundo Cristão, 1999.

DURKHEIM, Émile. *O suicídio: estudo de sociologia*. Trad. Monica Stahel. São Paulo: Martins Fontes, 2000. (Coleção Tópicos).

EBERT, Clarice; EBERT, Claudio Ernani. Da infalibilidade papal à infalibilidade pastoral: como os modelos eclesiológicos disfuncionais podem ser promotores do suicídio de pastores e pastoras. In; GRZYBOWSKI, Carlos "Catito". *Quando a dor se torna insuportável: reflexões sobre por que pessoas se suicidam*. São Leopoldo: Editora Sinodal, 2019, p. 29-39.

ELIAS, Norbert. *A Solidão dos moribundos*. Tradução: Plínio Dentzien. Rio de Janeiro: Jorge Zahar Editor, 2001.

ERICKSON, Millard J. *Dicionário popular de teologia*. Trad. Emirson Justino. 1 ed. rev. São Paulo: Mundo Cristão, 2011.

ESWINE, Zack. *A depressão de Spurgeon: esperança realista em meio à angústia*. São Paulo: Editora Fiel, 2016.

FERNÁNDEZ GARRIDO, Jaime. *Abrace a vida*. Trad. Samuel e Angela Mitt. Curitiba: Publicações Pão Diário, 2019.

FERNÁNDEZ GARRIDO, Jaime. *Esperança em tempos de enfermidade*. Trad. Angela Mitt. Curitiba: Ministérios Pão Diário, 2021.

FONTANA, Victor. Precisamos falar sobre doença psíquica e suicídio. *BiboTalk*, 26 de julho de 2017. Disponível em: <https://bibotalk.com/blog/suicidio-e-doenca-mental/>. Acesso em 20 de maio de 2021.

FRANKL, Viktor. *Em busca de Sentido*. São Leopoldo: Sinodal, 2016.

FREUD, Sigmund. *O mal-estar na civilização*. Trad. Paulo César de Souza. São Paulo: Penguin Classics; Companhia das Letras, 2011.

FRIESEN, Albert. Duas famílias dos tempos bíblicos. In: FRIESEN, Albert; GRZYBOWSKI, Carlos "Catito"; OLIVEIRA, Roseli M. Kühnrich. *De bênçãos e traições: a história das famílias de Abraão, Isaque e Jacó*. Curitiba; Viçosa: Esperança; Ultimato, 2006, p. 59-90.

GOÉS FILHO, José Antonio de. Isaque e Rebeca: um casal dividido pelo amor por seus filhos. *Estudos Bíblicos*, Ultimato. s.d. Disponível em: <https://ultimato.com.br/sites/estudos-biblicos/assunto/vida-crista/isaque-e-rebeca-um-casal-dividido-pelo-amor-por-seus-filhos/>. Acesso em 31 de maio de 2021.

GOETHE, Johann Wolfgang von. *Os sofrimentos do jovem Werther*. Edição comentada. Trad. Marcelo Backes. Porto Alegre: L&PM, 2001.

GREFF, Aramita Prates et al. *Saúde mental e atenção psicossocial na pandemia COVID-19: suicídio na pandemia COVID-19*. Rio de Janeiro: Fiocruz, 2020 (Cartilha).

GRZYBOWSKI, Carlos "Catito". Quando quem ganha perde: o suicídio como resultado do jogo disfuncional intrafamiliar. In: GRZYBOWSKI, Carlos "Catito". *Quando a dor se torna insuportável: reflexões sobre por que pessoas se suicidam*. São Leopoldo: Editora Sinodal, 2019, p. 67-73.

GUNNELL, David et al. Suicide risk and prevention during the COVID-19 pandemic. *The Lancet Psychiatry*, Vol. 7, n. 6, April 2020.

GUSSO, Antônio Renato. A posição divina a respeito da morte dos seus fiéis: o problema da interpretação e tradução do Salmo 116.15. In: GUSSO, Antônio Renato; KUNZ, Claiton André. (org.).

Nas entrelinhas do texto bíblico: exercícios de leitura e interpretação. Curitiba: FABAPAR, 2016, p. 9-22.

GUSSO, Antônio Renato. *Os profetas maiores: introdução fundamental e auxílio para a interpretação.* Curitiba: A. D. Santos Editora, 2014.

HAN, Byung-Chul. *Agonia do Eros.* Trad. Trad. Enio Paulo Giachini. 2ª reimpressão. Petrópolis: Vozes, 2019a.

HAN, Byung-Chul. *No enxame: perspectivas do digital.* Trad. Lucas Machado. Petrópolis: Vozes, 2018.

HAN, Byung-Chul. *Sociedade da transparência.* Trad. Enio Paulo Giachini. 3ª reimpressão. Petrópolis: Vozes, 2019b.

HAN, Byung-Chul. *Sociedade do cansaço.* Trad. Enio Paulo Giachini. 2ª edição ampliada. Petrópolis: Vozes, 2017.

HARRISON, R. K. *Jeremias e Lamentações: introdução e comentário.* Trad. Hans Udo Fuchs. São Paulo: Vida Nova, 2006 (Série Cultura Bíblica).

JOHNSTON, Philip S. *Shades of Sheol: Death and Afterlife in the Old Testament.* Leicester: Apollos; Downers Grove: InterVarsity, 2002.

JONAS, Klaus. Modelling and suicide: A test of the Werther Effect. *British Journal of Social Psychology,* Vol. 31, 1992, p. 295-306.

JOSEFO, Flávio. *História dos Hebreus.* 8 ed. Rio de Janeiro: CPAD, 2004.

KAPLAN, Kalman J.; SCHWARTZ, Matthew B. *A Psychology of Hope: A biblical response to tragedy and suicide.* Revised and expanded edition. Grand Rapids; Cambridge: Eerdmans, 2008.

KAPLAN, Kalman J.; SCHWARTZ, Matthew B. Suicide and Suicide Prevention in the Hebrew Bible. *Journal of Psychology and Judaism,* Vol. 24, No. 1, Spring 2000, p. 99-109.

KIDNER, Derek. *Gênesis: introdução e comentário.* São Paulo: Vida Nova, 2006 (Série Cultura Bíblica).

KOCH, H. J. Suicides and suicide ideation in the Bible: na empirical survey. *Acta Psychiatrica Scandinavica,* vol. 112, 2005, p. 167—172.

KÜBLER-ROSS, Elisabeth. *Sobre a morte e o morrer o que os doentes terminais têm para ensinar a médicos, enfermeiras, religiosos e aos seus próprios parentes*. 9 ed. São Paulo: Editora WMF Martins Fontes, 2008.

KURZAWA, Kitty. Elias — entendendo o suicídio a partir das Escrituras. In: GRZYBOWSKI, Carlos "Catito". *Quando a dor se torna insuportável: reflexões sobre por que pessoas se suicidam*. São Leopoldo: Editora Sinodal, 2019, p. 7-12.

LEWIS, C. S. *A anatomia de uma dor: um luto em observação*. São Paulo: Editora Vida, 2006.

LEWIS, C. S. *O problema do sofrimento*. São Paulo: Editora Vida, 2009.

LOPES, Hernandes Dias. *Jonas: um homem que preferiu morrer a obedecer a Deus*. São Paulo: Hagnos, 2008 (Comentários expositivos Hagnos).

LOPES, Hernandes Dias. *Rute: uma perfeita história de amor*. São Paulo: Hagnos, 2007a (Comentários expositivos Hagnos).

LOPES, Hernandes Dias. *Suicídio — causas, mitos e prevenção*. São Paulo: Hagnos, 2007b.

MALDONADO, Jorge E. *Crises e perdas na família: consolando os que sofrem*. Trad. Carlos "Catito" Grzybowski. Viçosa: Ultimato, 2005.

MARSHALL, Alex. Netflix Deletes '13 Reasons Why' Suicide Scene. *New York Times*, July 16, 2019.

MARTIN, Albert N. *Luto, esperança e consolo: quando um ente querido morre em Cristo*. São Paulo: Vida Nova, 2013.

MARTIN-ACHARD, Robert. *Da morte à ressurreição segundo o Antigo Testamento*. Santo André: Academia Cristã, 2015.

MARTINS, Silvia Xavier da Costa. Espiritualidade, arteterapia e a busca de sentido: considerações à luz da logoterapia de Viktor Frankl. *Revista Logos e Existência*, Vol. 6, n. 2, 2017, p. 100-107.

MARTINS, Yago. Depressão, burnout, estresse e outros... Vídeo postado no Facebook. Disponível em: <https://www.facebook.

com/doisdedosteologia/videos/depress%C3%A3o-burnout-
-estresse-e-outros/128577419040176/>. Acesso em 5 de maio de
2021.

MATOS, Ronaldo de; OLIVEIRA, Ádina Borges de; GONÇALVES, Isabela Lima de Moraes. Suicídio: a fala de um desejo. *PSICOTEO*, n. 63, Ano XXVIII, primeiro semestre de 2020, p. 44-49.

McCONVILLE, Gordon. Jeremias. In: CARSON, D. A.; FRANCE, R. T.; WENHAM, G. J. *Comentário Bíblico Vida Nova*. São Paulo: Vida Nova, 2009, p. 1014-1069.

MORAES, Reginaldo Pereira de. *O direito de primogenitura no Antigo Testamento, à luz das narrativas sobre Esaú e Jacó (Gn 25.19-34 e 27.1-45)*. Dissertação — Mestrado em Teologia. São Leopoldo: Escola Superior de Teologia, 2012.

MORAES, Reginaldo Pereira de; SANTOS, Vania Jacobs dos. Crianças órfãs com pai e mãe: um novo desafio para a educação eclesial. In: SOUZA, Edilson Soares de; RUPPENTHAL NETO, Willibaldo. *Cuidando de vidas: pesquisas nas áreas de teoria e prática do cuidado pastoral*. Curitiba: FABAPAR, 2015, p. 185-199.

MURRAY, David. *Reset: vivendo no ritmo da graça em uma cultura estressada*. São José dos Campos, SP: Fiel, 2018.

NETO, Lira. *Getúlio (1945-1954): Da volta pela consagração popular ao suicídio*. São Paulo: Companhia das Letras, 2014, p. 345-346.

OLIVEIRA, Fabiana de. Vamos sair da caverna? *Pastoral Universitária*, Universidade Metodista de São Paulo. Disponível em: <http://portal.metodista.br/pastoral/reflexoes-da-pastoral/vamos-sair-da-
-caverna>. Acesso em 31 de maio de 2021.

OLIVEIRA, Roseli M. Kühnrich de. A sedução da morte: a potencial ameaça de suicídio entre pastores e pastoras. In: GRZYBOWSKI, Carlos "Catito". *Quando a dor se torna insuportável: reflexões sobre por que pessoas se suicidam*. São Leopoldo: Editora Sinodal, 2019, p. 57-66.

OLIVEIRA, Roseli M. Kühnrich de. *Cuidando de quem cuida*. 4. ed. Joinville: Grafar, 2012.

Organização Mundial da Saúde (OMS). *Prevenção do suicídio: manual para professores e educadores*. Genebra: Organização Mundial da Saúde, 2000.

PERCIVALDI, Elena. *A vida secreta da Idade Média: fatos e curiosidades do milênio mais obscuro da história*. Petrópolis: Vozes, 2018.

PERPÉTUO, Marcelo. Do cuidado ao descuido e a síndrome de *Burnout*: por que padres, pastores e pastoras adoecem em "nome de Deus"? In: GRZYBOWSKI, Carlos "Catito". *Quando a dor se torna insuportável: reflexões sobre por que pessoas se suicidam*. São Leopoldo: Editora Sinodal, 2019, p. 75-86.

PHILLIPS, D. P. The influence of suggestion on suicide: Substantive and theoretical implications of the Werther Effect. *American Sociological Review*, Vol. 39, 1974, p. 340-354.

PINHEIRO, Chloé. Suicídio no pós-parto: como reconhecer uma mãe precisando de ajuda. *Bebê.com.br*, 13 de setembro de 2019. Disponível em: <https://bebe.abril.com.br/familia/setembro-amarelo-como-reconhecer-e-auxiliar-uma-mae-precisando-de-ajuda/>. Acesso em 22 de maio de 2021.

PINHO, Marco Antônio Garcia de. Alienação parental. *Jus Navigandi*, Teresina, ano 14, n. 2221, 31 jul. 2009. Disponível em: <http://jus.com.br/revista/texto/13252>. Acesso em 15 de maio de 2021.

PLAMPIN, Richard Thomas. *Jeremias: seu ministério, sua mensagem*. Rio de Janeiro: JUERP, 1987.

PORTE JR., Wilson. *Depressão e graça: o cuidado de Deus diante do sofrimento de seus servos*. São José dos Campos: Fiel, 2016.

PRITCHARD, Ray. *O poder terapêutico do perdão*. São Paulo: Mundo Cristão, 2006.

ROSA, G. S. et al. Thirteen Reasons Why: The impact of suicide portrayal on adolescents' mental health. *Journal of Psychiatric Research*, Vol. 108, 2019, p. 2—6.

RUPPENTHAL NETO, Willibaldo. *A alma no Antigo Testamento*. São Paulo: Fonte Editorial, 2019.

RUPPENTHAL NETO, Willibaldo. A morte. In: NASCIMENTO, Lucas Merlo; RUPPENTHAL NETO, Willibaldo. (org.). *O ser humano no Antigo Testamento: ensaios de antropologia bíblica*. São Paulo: Recriar, 2020, p. 163-170.

SAHLGREN, Gabriel H. *Work longer, live healthier: The relationship between economic activity, health and government policy*. London: Age Endeavour Fellowship; Institute of Economic Affairs, 2013 (IEA Discussion Paper No. 46).

SANTOS, Adrielly Machado Araújo. Suicídio e o ministério pastoral. *Teológica*, Ano 12, n. 13, 2016, p. 89-103.

SANTOS, Cleydemir. Suicídio de pastores e líderes: precisamos orar pelos bonzinhos. *PSICOTEO*, n. 63, Ano XXVIII, primeiro semestre de 2020, p. 50-57.

SANTOS, Valdeci. O pastor e a Síndrome de *Burnout*: uma abordagem teológico-pastoral. *Fides Reformata*, XXIII, n. 2, 2018, p. 9-24.

SCHUCK, F. W. et al. A influência da pandemia de COVID-19 no risco de suicídio. *Brazilian Journal of Health Review*, Curitiba, v. 3, n. 5, set/out. 2020, p. 13778-13789.

SELLIN, Ernst; FOHRER, Georg. *Introdução ao Antigo Testamento*. Santo André: Academia Cristã, 2007.

SHEMESH, Yael. Suicide in the Bible. *Jewish Bible Quarterly*, Vol. 37, No. 3, 2009, p. 157-168.

SILVA, Michele Macedo da; TURRA, Virgínia; CHARIGLIONE, Isabelle P. F. S. Idoso, depressão e aposentadoria: uma revisão sistemática da literatura. *Revista de Psicologia da IMED*, Passo Fundo, vol. 10, n. 2, Jul.-Dez., 2018, p. 119-136.

SILVA, Vardilei Ribeiro da; PAULA, Blanches de. Logoterapia e Teologia: uma hipótese autotranscendente para o aconselhamento pastoral junto às pessoas com tendências suicidas. *Revista Caminhando*, v. 25, n. 3, set./dez. 2020, p. 51-63.

SOBRINHO, Ismael. *Depressão*: o que todo cristão precisa saber. São Paulo: Editora Vida, 2019.

SOUZA, José Neivaldo de. Família e cuidado pastoral. In: SOUZA, Edilson Soares de; RUPPENTHAL NETO, Willibaldo. *Cuidando de vidas*: pesquisas nas áreas de teoria e prática do cuidado pastoral. Curitiba: FABAPAR, 2015, p. 91-103.

SPURGEON, Charles. *Esboços bíblicos de Salmos*. São Paulo: Shedd Publicações, 2005.

SUIT, Thomas Howard. High Suicide Rates among United States Service Members and Veterans of the Post9/11 Wars. June 21, 2021. *Costs of War*, Brown University, Watson Institute. Disponível em: <https://watson.brown.edu/costsofwar/papers/2021/Suicides>. Acesso em 5 de maio de 2021.

TOURNIER, Paul. *Culpa e graça: uma análise do sentimento de culpa e o ensino do evangelho*. São Paulo: ABU, 1985.

WENHAM, Gordon J. *Números: introdução e comentário*. São Paulo: Vida Nova, 2006 (Série Cultura Bíblica).

WISEMAN, Donald J. *1 e 2 Reis: introdução e comentário*. São Paulo: Vida Nova, 2006 (Série Cultura Bíblica).

WOLFF, Hans Walter. *Antropologia do Antigo Testamento*. São Paulo: Hagnos, 2008.

World Health Organization (WHO). *Group Interpersonal Therapy (IPT) for depression*. New York: Columbia University, 2016 (Series on Low-Intensity Psychological Interventions — 3).

World Health Organization (WHO). *mhGAP Intervention Guide for mental, neurological and substance use disorders in non-specialized health settings*. Mental Health Gap Action Programme. Version 2.0. Geneva: WHO, 2016